基本は誰も教えてくれない
日本人のための
世界のビジネスルール

青木恵子
Keiko Ono Aoki

Discover
ディスカヴァー

はじめに

○どこで魚を獲るか!?

レストランを世界展開する「ベニハナ・オブ・トウキョウ」のＣＥＯ《最高経営責任者》として、私はハワイ、イギリス、インド、ＵＡＥなど世界中を飛び回り、１週間で４カ国を回ることも珍しくありません。こうした話をするとたいてい驚かれるのですが、慣れるとその移動は、東京から大阪の出張とたいして変わらないものです。

そのくらい、世界の距離は縮まっています。

みなさんは今、どんな海で仕事をしていますか？

「日本という海の中でビジネスをしている」という感覚があるとしたら、その海が世界の海とつながっていることを、そろそろ意識してもいいかもしれません。

これから先、日本は人口がどんどん減り、市場が縮小していきます。

もともと資源がないことに加え、人も減る、市場も小さくなるということは、たとえていうなら日本で魚を釣ろうにも「魚がいなくなる」ということです。

そうなったとき、**もし日本で雇用を得られなかったり、キャリアアップがかなわなかったらどうするか。**そんなときは簡単です。


テリトリーを外に広げればいいだけです。


私たちが日本で培った仕事のノウハウは、世界でも十分に通用します。そして国内では飽和状態のスキルも、世界に目を向ければ、巨大なマーケットの中で、より高い評価を得られる可能性が潜んでいます。

だから日本だけで魚を追おうとせず、海外もターゲットに入れると、そこには今以上に飛躍できるチャンスを見つけることができるのです。

○どこでも通用する自分になる！

とはいえ、日本人が世界で戦おうとすると、壁にぶつかりやすいのも事実（20代のとき日本からアメリカに渡った私が、そうであったように）。

私たち日本人は、そもそも背や鼻が高くてブロンドの髪の欧米人に、何とはなしにコンプレックスを抱き、加えて最近では、中国やインドなどバイタリティのある国の人にも引け目を感じて、「日本にいる自分は、まわりよりサバイブする力が弱い」と、内向きになっているかもしれません。

でもそれは誤解です。

私たちの能力は、決して海外の人にひけを取りません。

ただし「島国」という環境にいたので、私たちは日本以外の国のビジネスの習慣や基本に自分を合わせるのに慣れておらず、力を出しにくいだけなのです。

もしもこれさえ理解すれば、恐れる必要などなく、しかもそれは、おそばを食べるときはお箸を使い、パスタを食べるときはフォークを使うのと似たようなもので、**「ルール」**や**「基本」**さえ覚えてしまえばまったく難しいことなどないのです。

この本では、**「世界共通の仕事の基本」**や、日本で培った力を生かしながら、どこでも活躍できる人になるための**「コツ」**をまとめました。

私がこの違いを発見し、どこにいても自分に自信をもってビジネスができるようになったのは、実はアメリカに渡って5〜6年が経った頃でしたが、私が5年かけて得た学びを、みなさんには3時間で手にしてもらおうと、本書を執筆しました（だからすごくお得（！）です）。

この「基本」さえ知ればみなさんは、日本では頭一つ飛び出た存在となるとともに、世界の中でも十分戦える人になるはずです。どこにいても、活躍できる人になるために、ぜひ本書を武器にしていただけたらと思います。

2015年1月

青木恵子

Contents

基本は誰も教えてくれない
日本人のための
世界のビジネスルール

第２章
Work
仕事

Contents

第4章
Career
キャリア

第5章
Communication
コミュニケーション

Contents

人脈

第1章
Connection

01

いつもチャンスを意識する

Seize every opportunity

ニューヨークの五番街に、高く黒く、ブラックオパールのようにそびえ立つオリンピックタワー。**あの海運王オナシス一族がオーナーの高級アパートメント**です。このタワーをはじめて見たとき、私の夢は定まりました。

「いつかあのビルに住んで、オフィスを構えてみせる！」

その夢を実現させた今、私は**ビジネスのチャンスはいつも「人」からもたらされると確信しています。**

1990年代、私は当時ニューヨークで流行した、寄せて上げるブラ**「ワンダーブラ」**を日本に紹介し、大ヒットさせたのを皮切りに、ドイツの製薬会社バイエルの新商品の紹介、スペイン政府への4年間にわたるコンサルティング、日本政府の特許に関するコンサルティング、日米間の訴訟や詐欺に関するコンサルティングを手がけてきました。

そして日本では短大卒だった私が、ハーバードビジネススクールの経営者向けプログラム（OPM：Owner/President Management Program）を日本人女性初で卒業。その後、最愛の夫、故**ロッキー青木**と出会い、現在は彼が愛を注ぎ、今や世界中にある、鉄板焼きのエンタテインメントレストラン「ベニハナ・オブ・トーキョー」のCEOとして、ここを経営しています。思えばこうしたチャンスはいつも「人」からもたらされました。人脈づくりこそが成功に近づく唯一の道。今はこれを実感しているのです。

クリーニングレディ《女性清掃員》も いつもチャンスに備えている！

人脈を手にするチャンスは誰にも平等にあります。

そしてこれは年をとっているからとか、男性だからとか女性だからとか、そんなことはまったく関係ありません。真剣に求めれば与えられるものなのです。

たとえば、オリンピックタワーのクリーニングレディ（女性清掃員）は、いつも丁寧にメイク（化粧）をしています。なぜならここニューヨークでは、チャンスがどこに転がっているかわからないからです。オリンピックタワーに住む世界有数のビジネスパーソンが、ある日突然彼女に目をかけ、彼女を採用するかもしれない。それを知っているから、彼女たちは毎日メイクをし、チャンスに備えているのです。

人は誰とつながっているかで、仕事のしかたも収入も変わります。

ネットワークの少ない人は伸びしろが少なく、中途半端な成功しか望めない。一方、人脈の引き出しをたくさん持っている人は、あらゆる面で多くのオプションを手にします。人脈こそがセーフティネットになり、いざというとき頼れる人がたくさんいるのです。

できる会社の経営者は、時代を読んだり、アイデアを見つけたり、マーケティングリサーチをするのに長けていますが、彼らはそれをすべてひとりでやるわけではありません。自分にないものは、人脈の中から見つけてくる。成功している人とは、幅広い人脈を持ち、その中から必要なものを探し出す能力に長けた人たちなのです。

ビジネスのチャンスは人からもたらされ、そのチャンスはあらゆるところに転がっている。そしてそれをつかめるかどうかで人生は決まります。だから、私はいつもチャンスを手にする準備を整えています。

ニューヨークに来たばかりの頃、私はジャパニーズだという物珍しさも手伝って、あちこちから声をかけてもらえました。小柄でいつもニコニコしていた私は、チャーミングに映ったのでしょう。

私の人脈づくりは、最初こんなものでした。でも私には「いつか成功して、オリンピックタワーに住む」という大きな夢がありましたから、常にアンテナを張り、築いた人脈の中で「ビジネスをしたい」とアピールし続けました。すると「こういう仕事があるんだけど、やってみる？」と声がかかるようになり、一つひとつチャンスを手にしてきたのです。

もう一度言いますが、チャンスは誰にも平等にあります。

でもただ待っているだけではやってきません。まずは人脈をつかみ、そこでやりたいことをあきらめずに発信する。そうすれば、やがてチャンスは目の前に**ポン**と現れます。**あとは逃さずそれをキャッチできるかどうかです。**

常にチャンスを意識し、貪欲に人脈を広げ、貪欲にチャンスをつかむ。

一見遠回りのように見えて、人脈づくりが成功への近道だと思うのです。

02

チャーミングな人になる

Be charming

人脈の多い人はみんなとてもチャーミングです。
なぜなら魅力がなければ、誰も相手になどしてくれないからです。
魅力のある人とはどういう人かといえば、次のような人たちです。

1 自分に自信がある人

自信があれば、どんな人とも対等な関係を築けます。偉ぶる必要はありませんが、卑屈になる必要もありません。「私はあなたと対等な人間」「付き合うに値する人間」ということが、相手に伝わればOKです。

特にビジネスでは**人前でオドオド**したり、**自信のなさが透けて見える**と、相手は見向きもしてくれません。相手がどんなに偉い人でも、背筋を伸ばし、胸を張って堂々とできること。もしも相手が外国人で言葉がわからなければ、わからないとはっきり言えばいい。ただそれだけの話です。

アメリカには「謙虚」という言葉はなく、彼らは「繊細」と「大胆」なら大胆が好き、「小さいもの」と「大きいもの」なら大きいものが好き。**ダイナミックで堂々と**

した人に人気があります。

2 ワンパターンでない人

ワンパターンでない人も魅力的です。亡くなったロッキーさんがまさにそんな人でした。ロッキーさんは子どもみたいで、誰に対しても「楽しませよう」「驚かせよう」といつも考えている人でした。

ニューヨーク大停電のとき、高層マンションから停電で降りてこられないご夫人に、ロッキーさんはベニハナの焼きたてステーキ弁当をロープに結びつけ、下から吊り上げビルの外窓からデリバリーするというパフォーマンスをしてみせたことがありました。このパフォーマンスにアメリカの**マスコミは大騒ぎ**。テレビが集まり、中継がはじまるそんな中、なんと、ステーキが落下する（！）というハプニングが起こりました。これにはニューヨーク中が大爆笑。その様子はニューヨークタイムスをはじめとしたテレビや新聞のニュースをかざり、**空を舞うステーキ**の写真と映像は一躍ニューヨークの話題となりました。これで〝レストランベニハナ〟の名前は全米に広まり、彼のビジネスの大きな宣伝となりました。

彼は一事が万事、**チャーミングなアイデアマン**で、誰からも愛される人でした。だからこそ、その魅力に引き寄せられ、多くの人が彼の元に集まりました。彼がただのバリバリのビジネスマンだったら、きっとあそこまで成功していなかったと思います（どんなに優秀な人でも、退屈だったら一緒にいたいと思いませんよね？）。

3 人の心をつかむセンスがある人

魅力的な人はとてもクリエイティブで、人の心をつかむのが上手です。人間的にチャーミングで、話していると楽しく、一緒にいたいと思わせる。だから、まわりが勝手に**応援団**になってくれます。

ビジネスで成功した人たちを見ていると、その人をかわいがって自分の側に置き、盛り立て、ときに上から引っ張り上げ、ときに下から押し上げる、つまりその人を**プロモートする人**たちがいます。そういう人たちこそが、成功には欠かせません。

こうしたプロモートを受けられる人は、感覚的に人を見分ける能力を持っています。

相手があまりおしゃべりが好きじゃないと思えば黙り、相手の気分が落ち込んでいると思えば気持ちが上向くような明るい話題を振る。そのあたりを瞬時に見分けられるセンスを持っているから、誰からも愛されます。

ここでは3つご紹介しましたが、**人間の成功はテクニックの話ではなく、もっと根本的なものだと思います。**もともと持っている素材や才能をみがき、それを活かすことでその人ならではの魅力を花開かせ、人脈を手にする。だから表面的なテクニックをいくら身につけても、魅力的な人間にはなれませんし、人間的に魅力がなければ成功しないと思います。

たとえば「スマイル」ひとつとってみても「白い歯を見せ口角を何度に上げて3回笑えば魅力的に見える」などといった表面的なテクニックに走っても、人から好かれるわけではありません。テクニックなんて全部無視して、もっと自分のよさを信じ、内面の魅力をみがくことです。

自分ならではの存在感。それが人をアトラクトし、魅了された人が人脈になり、人生をプロモートしてくれるのです。

03

相手のメリットを考える

Think of other's benefit

ビジネスに限らず、人間の付き合いはすべて「ギブ&テイク」です。

何かしてほしければ、こちらからも何かをギブしないといけない。「〜してほしい」という「お願い」ばかりの「テイク&テイク」では、相手にしてもらえなくて当然です。

夫婦でも恋人でも、友達でも仕事上のパートナーでも、「ギブ&テイクの法則」は成り立ちます（例外は親子関係のみ。親から子へギブする愛だけは、子どもの成長に不可欠な、見返りを求めない無償の愛です）。

このバランスが存在しないと、相手は人脈になり得ません。

一度人脈になったとしても、自分が求めるばかりで相手に何もメリットをもたらさなければ、すぐ飽きられてしまう。できる人はこれをよく知っています。

英語には**「Put your feet into his(her) shoes.（相手のシューズを履く）」**という言葉がありますが、誰かを人脈にしたいなら、一度、その人の気持ちになってみるといいかもしれません。

たとえばアメリカン・エキスプレスの社長を人脈にしたいなら、自分がアメックスの社長になったと想像してみる。どんなアプローチをされたら自分を人脈に加えたいと思うか。逆にどういう人だと、会っても時間のムダと思うか。忙しい時間の合間を縫ってわざわざ会ってみたいと思う理由は何か。

それを考えたら、やるべきことが見えてきます。

「情報」も立派なギブ

相手のメリットを考えず、自分の要求ばかりする人は人脈を築けません。

ビジネスの人脈がほしいなら、相手にそれなりのメリットを「ギブ」することです。

でも「ギブ」するといっても、物やお金をあげることではありませんから、これを必ずしも大げさに考える必要はないと思います。

たとえばエグゼクティブは、情報が大好物です。

彼らの知らない世界の扉を開く情報、面白い本やおいしい店、流行りの店の情報だって立派な「ギブ」です。

相手がエグゼクティブなら、ビジネスの話よりもむしろ、こうした話に興味を持つかもしれませんし、ある程度の年齢の方なら、最近の若い人たちの流行には詳しくないはずなので、**リアルタイムの情報**が喜ばれます。相手がほしい情報をギブできたら、それは相手にとって立派なメリット。これができればその人の人脈の入口に立つことができます。

相手に要求される人間になること。

女性なら「美容情報」や「最新のエクササイズ」「ダイエットピル」に詳しければ、そんな情報もギブの対象になりえますし、男性なら「人気のガジェット」に精通していれば、多くの人が関心を持つかもしれません。男性なら「ハンサム」、女性なら「美人」なだけでも、一緒にいる価値があると思う人もいるかもしれません（笑）。

「これについては彼／彼女に聞いてみよう」「一緒にいたい」「一緒にいる価値がある」と相手に思わせることができればまずは成功。ここが人脈のスタートです。

04

一瞬で魅了する

Fascinate in a blink

この世界に住んでいれば、会いたい人に会うことはそんなに難しいことではありません。コンサートに行けば**レディー・ガガ**に会えるかもしれないし、演説会に行けば、**オバマ大統領**に会うこともできます。知り合いのツテをたどれば、どんなに偉い人とでも、会うチャンスが〝ゼロ〟ということはない気がします。

でもたった一度会った人を人脈にできるかどうかはまったく別の問題です。最初の出会いで自分に興味をひきつけ、印象づけることができなければ次はありません。そのためにできることは何でしょうか。

1 下調べをする

「この人に会いたい」「この人とお近づきになりたい」というターゲットがあらかじめ決まっているなら、チャンスが来たとき、その瞬間を逃さないためにも、事前の準備が重要です。

「どういうことに興味があるのか」「今どんな事業をしているのか」「趣味は何か」

「好きな食べ物は何か」。できるだけリサーチして、その人のことを**研究**しておく。準備に余念がなければ、実際に会ったときどんな話題が出ても、会話をうまく続けられます。

たとえば相手が「食」に興味があるなら、最初はハッタリでもいいので「食べ物のことなら私に聞いてください。今度、おいしい日本食のお店にご案内します」。これくらいストレートに自分をアピールして印象づけます。知らなかったら後から調べればいいのです。背伸びをしているうちに、いつしかそれは本物になる。**強制的に自分を追い込むことも必要です。**

私の場合、聖路加国際病院の日野原重明先生がそうした方なのですが、先生は何にでも興味を持たれ、ご一緒すると知りたいことをたくさん質問なさいます。これはとても緊張するのですが、何を聞かれてもいいよう先回りして勉強しておくと、いつか自然と会話が成り立つようになるものです。私も日々勉強です。

2 最初の数十秒で勝負する

特にパーティは一発勝負です。一瞬で相手を魅了するには、一瞬のチャンスを活かし、相手に好感を持たれることが重要です。**パーティに行ってただ名刺を渡し、「私は○○です」と言うだけでは誰も覚えてなどくれません。**

会話の端々から相手の興味を読み取り、そこを膨らませて、相手の気持ちをグッとつかむ。相手はどんなことをしているのか、何に興味があるのかを聞き出し、一瞬で興味を引き、相手にとって価値のある自分を演出することで、はじめてその人は自分に興味を持ってくれます。

3 ほめ上手・頼り上手になる

人間はほめられたり頼られたりすると悪い気はしないものです。「あなたにあこがれていました」「これについて教えてください、アドバイスをください」「あなたにお会いできて本当にうれしい」と言われてイヤな人はまずいません。これも相手にいい印象を残します。

4 定期的にコンタクトをとる

いったん知り合いになったら、次は忘れられないよう、**定期的にコンタクトをとる**ことです。たとえばパーティの翌日に、こんな手紙やメールを出します。

「Pleasure to meet you.（あなたに会えて光栄でした）。テレビで見るよりも、新聞の写真で拝見するよりも、実際のあなたはもっともっと素敵でした。ところで、◯◯にご興味があるとのことでしたが、最近こういう話を聞きましたので、参考までに」

「パーティで◯◯について話をしたのが私です」と、**さりげなく自分の存在を思い出させる作戦**です。相手がサッカーが好きなら、最新のサッカーの話題でアピールする。相手の印象に残る情報をポンポンとテンポよく流すことで、自分の存在を記憶に焼きつけるのです（ただし忙しい人への長文メールは避けます。まず読んでもらえませんし、活躍している人ほど、用件だけをまとめた短い文章を好みます）。

ここでも重要なのは、相手のメリットを考えること。相手がほしい情報をギブすることです。億劫《おっくう》がらずにこれをやり続けると、信頼関係が深まり、これがいざというとき人脈に変わるのです。

05

差別があることを理解する

Understand discrimination

「ア**メリカンドリーム」**の国アメリカでは、貧しい家に生まれても、マイノリティでも、何かに秀でていて、チャンスさえつかめば、**ミリオネア、ビリオネア**になるのも夢ではありません。事実、アメリカでは、特別な才能を持ったスペシャリストは日本よりもずっと高く評価されます。

ただ一方で、アメリカは猛烈な差別社会でもあります。

そこには厳然と階層があり、住んでいるところも、買い物にいく店も、食事をとるレストランも、階層によってまったく違う。別々の階層に属する人たちが同じ店にいるというシチュエーションがそもそもありません。

中でも学歴は、階層を決める大きな尺度のひとつです。逆に言うと、出身がどこであれ、同じ大学を卒業しさえすれば同じステイタスに属することになるという、ある意味わかりやすい社会構造になっています。

ほとんどのビジネスは、同じステージにいる人間同士のコミュニティの中からしか生まれません。ステイタスが異なる人の間でビジネスが生まれることはめったになく、いい大学に入るほどいい人脈が手に入り、いいビジネスをすることができます。

一流大に入ることがいい人脈を手に入れる近道

ビジネスで成功し、エグゼクティブになるには、一流大学を出ていることがとても大切です。なぜならいい大学を出ている人は、**いい人脈**、**いいコネクション**を持っているからです。アメリカは「同じ大学出身の友達が◯◯に就職した」とか、「お父さんがどこどこのCEOをしている」など、横のつながりが大きな意味を持つ社会です。そのつながりでビジネスが行われる。だからアメリカのエリート層は、徹底した学歴主義なのです。

今、ハーバード大学には**中国人**や**インド人**がたくさんいます。ここを出れば、世界で戦うための十分なステイタスが手に入るからです。

特に中国人は、これまで自分が苦労した分、自分の子どもはハーバードやスタンフォードなどの優秀な大学に入れて、人脈づくりに専念させたいと考えています。ここを卒業させればただの一中国人ではなく、ハーバード卒の一員と世間的に認められることを彼らはよく知っているのです。

大学や大学院を出たばかりの人にとっては、大学の人脈がすべてのスタートラインになります。「コネで就職」というと日本人はネガティブなイメージを持つかもしれませんが、**アメリカではどれだけ有力なコネを持っているかで人生が決まります。**生まれながらのセレブは別として、有力な人脈を手に入れる一番簡単な方法が、一流大学を卒業することで、**コネは立派な実力**（Who knows who こそが実力）なのです。

だからいい人脈をつくろうと思ったら、一番手っ取り早いのは、一流大学に入学することです。

大学ランキング上位の常連である**ハーバード大学**や**スタンフォード大学**、**MIT（マサチューセッツ工科大学）**、**イギリスのオックスフォード大学**、**ケンブリッジ大学**などに入学できれば、自然に一流の人脈が手に入ります。これは学部でもいいし、ビジネススクールやロースクールでもかまいません（ただしいくらハーバードでも、1、2カ月程度の短期留学では、もちろん効果はありません）。

たとえばハーバードは自分たちのイメージアップをするのがすごく上手です。卒業生が各界で有名人になって、その人たちがさらに優秀な人材を大学に送り込み、稼いだお金を大学に寄付して、大学を潤し、卒業生がまた有名になり……と、いい循環ができています。残念ながら日本の大学の国際的な知名度は高くありません。これは大学自体のプロモーションが下手ということもあるのですが、**かろうじて東大が知られているくらいで、慶應、早稲田クラスでもほとんど通用しません。**

すでにビジネスパーソンである方が再び学生に戻るというのは、あまり現実的ではありませんが、そういう場合は、たとえば海外の一流大学でＭＢＡを取得するといいと思います。ただしこれも、学んだ内容が役に立つというよりは、**優秀な同級生や卒業生たちと人脈を築けるメリットが大きい**という意味です。

06

プライベートクラブを利用する

Take advantage of private clubs

同じステイタスの人同士が集まる場所として、アメリカには昔から**「プライベートクラブ（会員制クラブ）」**と呼ばれるものがあります。多くのアメリカのエグゼクティブは、こうしたクラブをよく使っています。

私もハーバードクラブに所属していて、ランチミーティングやビジネスディナーなどで利用します。ハーバードクラブは歴史ある会員制のクラブで、ハーバード大学の教職員や卒業生だけが利用できます。こうしたクラブに属し、施設を利用できると、初対面の相手でもこちらを信用してくれます。このメリットを期待して、私はハーバードのプログラムを卒業しました。ジャパニーズの私がいい人脈を築くには、これが最短と考えたのです。

「ハーバードクラブ」「コーネルクラブ」など、出身大学による会員制クラブとは別に、「ニューヨークAC」や「メトロポリタンクラブ」のように、複数のメンバーの推薦がないと入れないプライベートクラブもあります。経歴などの審査に加えて、会員のリコメンデーション（推薦）が必要、ということは、それだけ人脈がないと入れないということです。ここには**お金**だけでなく、**人脈**や**人格**、**ステイタス**すべてを兼ね備えた人だけが集まっています。

アメリカ人はクラブをつくることで、自分たちとそれ以外を区分けします。クラブ内にいるのは収入や考え方、生活ぶりが似たような人ばかりなので、そこで一緒に食事をしたり、ゴルフをしたりして、連帯感を強めつつ、ビジネスもここを中心に行います。一定の基準でスクリーニングされた人たちの集まりですから、ビジネスの話もしやすく、仲間意識が働くのです。これは移民が多く、スクリーニングが難しいアメリカならではの知恵かもしれません。

クラブを人脈の足がかりにする

日本にプライベートクラブはあまりありませんが、一流の人だけが集う場ならあります。その一つが**銀座の高級クラブ**や**祇園の料亭**かもしれません。かつて、一見さんお断りの高級クラブは、上場企業のエグゼクティブや政治家、有名作家や芸術家の社交場でした。

いいクラブに行くと、ママやホステスが「こちらはどこどこの会長さん」と言って、お客様同士を紹介します。サロンだから似たようなステイタスの人が集まるからです。会社の社長が銀座のクラブに何十万円も払って通うのは、そこに行くと、どこどこ新聞社の社長に会えるとか、自分たちと同じ階層の人と知り合うチャンスが手に入るからです。目的はアメリカのクラブと同じです。

出身大学のクラブがなく、有名クラブのメンバーとのコネクションもない人が人脈を広げるときは、入りやすいクラブにまずは入るのが一つの方法です。

たとえばニューヨークには、**ジャパンソサエティ（日本協会）**というものがあり、ここには日本のことが好きだったり、日本と関係の深い外国人が集まっています。その他、サイクリングクラブや料理クラブ、読書クラブなどといった、いわゆる**趣味のクラブ**も多くあります。まずはこうしたクラブに所属して、週末はクラブ活動を楽しみながら人脈をつくる。そこではすぐビジネスに直結する人脈にはならないかもしれませんが、最初のきっかけにはなるはずです。

たとえばバードウォッチングのサークルに行けば、いろいろな職業の人と出会えます。その中でまずは少しでも自分の行きたい方向に近い人と友達になってみる。その次に、その人の知り合いを紹介してもらって、より自分が求める人脈に近づいていく。そうやってどんどんツテをたどって、ほしい人脈にたどり着くまで、**地道に努力を重ねるのです。**

2、3人の紹介で目的の人脈までたどり着けることもあれば、5、6人を経ても届かないこともあるかもしれません。でも、はっきりした目的意識があれば、いつかはほしい人脈にたどり着けます。

まずは最初のきっかけをつくること。

何もしなければ、何も起こらない。無から有は生まれないのです。

07

パーティに参加する

Attend parties

ニューヨークにいると、よくパーティに招かれます。大勢を招いた立食形式のパーティから、おしゃれなレストランに少人数が集まっての食事会など、形式はさまざまです。でも日本のいわゆる「飲みニケーション」とは違って、パーティに参加する目的はハッキリしています。**「人脈づくり」**です。

酔った勢いで愚痴を言ってガス抜きしたり、お酒の力を借りて普段言えないことを言い合う「飲みニケーション」は日本独特の風習で、そもそも欧米には、仕事帰りに職場の同僚や上司と飲みにいく習慣がありません。

その代わり、あちこちでパーティが開かれます。集まるのは異なる会社に勤める人で、仕事とプライベートの区別がハッキリしているのが、欧米社会の特徴です。

尻込みしない

せっかくパーティに参加しても誰の記憶にも残らなければ、行っても意味がありません。**人脈は貪欲に「獲りにいく」もの。**待っているだけでは決して手に入りません。

大人数のパーティに呼ばれたとき、私は参加者リストを見て、知り合いになりたい人をチェックして、その人と確実に人脈を築けるようにします。

「パーティでは、誰彼なくその場にいる人と盛り上がればいい」と思っている人がいますが、それでは狙った人を人脈にすることはできません。特に恥ずかしがり屋の日本人は、話したい人がいても周囲に気兼ねして（人気のゲストにはたいてい人だかりができています）、会話せずに帰ることも珍しくありません。**これは私に言わせればナンセンス。**恥ずかしがって尻込みしていたら、人脈なんて一生できません。

狙いを定めたら、逃さず話しかける。知り合いがターゲットと知り合いなら紹介をお願いする。とにかく話をするまでは帰らないという強い気持ちでのぞむことです。

ゲートクラッシャーとは？

これは余談ですが、パーティ慣れした欧米人の中には、呼ばれてもいないパーティに平気な顔で参加する人もいます。

夕方になるとホテルに行って、その日のイベントをチェックし、「新CEOの就任式のパーティ」などが開かれていれば、そのまま招待者に紛れて入ってしまうのです。ドレスコードが違って、参加者がみんなタキシードにブラックタイをしているなら、一度帰宅して、わざわざ着替えてから会場に乗り込むそうです（笑）。

あまりに堂々と入口を突破することから、ついた呼び名が**「ゲート・クラッシャー（gate-crasher）」**。そうやって、タダで飲み食いして、場合によっては新たな人脈まで手に入れて帰る。上には上がいるものです。

「立食のときはわかるけど、シットダウン（着席形式）パーティのときはどうするの？」と聞くと、「最後まで立って待てば一人くらいは欠席が出るから大丈夫」と（笑）。そんな人もいるくらいですから、正式に招待されたら怖気づく必要はまったくありません。

ちなみに日本はお土産文化ですから、誰かのうちに招待されたら、たいてい手土産を持っていくと思いますが、アメリカにもフリーハンド（手ぶら）はよくないという文化があります。**花か、ワインか、チョコレート。**招待されたら、たいていこの3つのどれかを持っていきます。

08

パーティを主催する

Organize parties

人

脈をつくるには、自分でパーティを主催するのもおすすめです。

私は毎週月曜日に、立食ではなく、少人数のシットダウンディナー（着席形式の夕食会）を自宅で開催しています。これはもう2、3年続けていますが、ここには毎回違った人をお呼びしています。

同じ人に繰り返し声をかけることはまずありません。人脈はとても大切ですが、いつも同じ人と顔を合わせていると、正直飽きてしまいますし、視野も広がりません。

たとえば、お医者さんが医者仲間の会合に出席したりするのは、ある意味、普段の延長線です。同じ会社、同じ業界に属する人たちだけで固まって、メンバーが固定されると、刺激も少なく、話題も限られてしまいます。**そこで新たな発見、ビジネスのヒントを得るのは難しい**と思います。

せっかくパーティを主催するなら、いつもの顔ぶれではなく、いろいろな職業の人たちを集めて話を聞いたほうが、自分のためにもなるし、マンネリ化も避けられます。**同業者よりも異業種**の人のほうが新鮮だし、気づきも得やすいはず。人脈に広がりを持たせる意味でも、同じ人を何度も呼ばないのが**私のルール**です。

日本人はとかく同じ会社のメンバー、同業者で周囲を固めようとしますが、意識的に異業種の人と交流を持つことは大切だと思います。毎回同じ顔ぶれで集まって、会社や上司の愚痴を言っても、新しいものは生み出せません。

ちなみに先ほどのプライベートクラブも、職業はバラバラ。そこがいいのです。仲間意識はあっても、普段の仕事が違う。だからこそコラボレートしようという機運が生まれやすいのです。

幹事の腕の見せどころとは？

パーティは誰と誰を呼ぶかという組み合わせが大事です。**お互いに興味がありそうな人をいかに組み合わせるか。これがホスト／ホステス役の腕の見せどころです。**人選に失敗して場違いな人を呼んでしまうと、参加者は二度とパーティには来てくれません。だから、毎回セットアップは真剣です。

たとえばディナーに６人呼ぶとして、私の大好きな獣医の先生を招待するなら、ペットを飼っている人を一緒に呼んだら喜びそうとか、動物愛護団体に寄付するような人を組み合わせたら盛り上がりそうとか、いろいろ想像を巡らせます。

参加した人たちが満足してくれれば、たいてい**「次はうちでやりましょう」「ケイコさんもぜひいらしてください」**と誘ってくれます。逆に、毎回ゲストとして呼ばれるばかりで自分がホスト／ホステスにならないと、いずれは呼ばれなくなってしまいます。これも「ギブ＆テイク」の世界です。

私が紹介したことがきっかけとなり、ビジネスがはじまったりするとワクワクします。いい出会いがあれば私に感謝してくれますから、今度は私を誰かに紹介してくれます。人脈はそうして広げていくのです。

アメリカは人脈社会なので、主催するパーティに誰を呼べるかで、その人の価値が決まります。みんなが驚くような有名人がゲストに来れば、その人の評価が上がります。「あんな人と知り合いなら、この人もすごいに違いない」というわけです。

「パーティに誰を呼べるか」「誰とつながっているか」が評価に直結するので、気の利いたアメリカ人は人脈づくりに余念がありません。そのために子どもをいい学校に入れたり、自分自身もさまざまなパーティに顔を出したり、プライベートクラブのメンバーになったりするのです。

パーティを主催するときは、結婚している人なら、夫婦でホスト／ホステス役を分担し、**夫婦単位で行動**するのが一般的です。このとき気をつけていただきたいのは、女性は必ずおしゃれをする（華やかにする）ということです。日本人の女性は装いがひかえめなことが多く、そうすると、ときとして**お手伝いさんに間違えられる**ような場面があります。**そうなるとホストである男性の評価が下がります。**

これを守ったうえでホームパーティのときは、食事を用意したり、ケータリングを手配したり、部屋を飾ってくつろぎを演出したり、やることはたくさんあります。相手に合わせたホスピタリティは日本人の得意分野ですから、ぜひトライしてください。

パーティを無事終えたら、翌日にはできればカードで、忙しいときはテキスト（メール）で、参加者に感謝の気持ちを伝えます。すると、必ずレスポンスがありますから、それをきっかけに次の会合をセットする。この繰り返しで人脈を広げるのです。

仕事

第2章
Work

09

「ルール」を覚える

Respect the rules

テニスをするとき「なんでこのルールなの？」と疑問を持ったりしないように、ビジネスも、できる人は「ルール」があるなら単純にそれを「そういうもの」として覚えるのが上手です。

人はどうしても、自分の常識（ルール）が正しいと思ってしまいます。

でもこれは、野球をやってきた人が**「自分はいつもバットなのに、テニスではどうしてバットを使わないの？」**と文句を言うのと同じで、それでは試合に勝つどころか、コートにさえ立てません。

どうしてそのルールなのかを考えるより先に、ラケットを手にしたほうが得点が早いですし、**ルールなんて悩んでもまったく意味がありません。**考え方のギャップやカルチャーショックも同じで、ルールを覚えてしまえばストレスもありませんし、ルールは子どもになったつもりで学べば、スポンジのように吸収できます。

私も**「アメリカ」**では**「アメリカ人」**に、**「中国」**では**「中国人」**になるようにしています。海外では、日本のやり方を押しつけてもうまくいきませんから、「これはおかしい」と文句を言うより、ルールを覚えて結果を出すほうが早いのです。

これからのビジネスパーソンに求められるのは、「郷に入ったら郷に従え」を実践できるフレキシビリティ（柔軟性）だと思います。そしていったんこれがわかってしまえば、行く先々で違うルールに従うことも、案外難しくはないものです。

ただ誤解しないでほしいのは、「相手のルールに合わせる」ことは、「自分の価値観を捨てる」ことではありません。

たとえば欧米人は、名刺交換をするとき、テーブル越しに名刺を「ピッ」と投げることがありますが、こういうときは、あえて日本式の丁寧な名刺の受け渡しをすれば、むしろ好印象を与えるかもしれません。このあたりは**ケース・バイ・ケース**で、それこそフレキシブルに考えればいいのです。

相手のルールを覚える大切さは、もちろん相手が外国人のときに限りません。日本人同士でもコミュニケーションギャップが発生して苦労した経験は、誰にでもあると思います。どんなときも自分を優先するのではなく、**相手のルールを理解し、それに乗ってしまったほうが、ビジネスは早くうまくいく**のです。

10

モラルの違いを理解する

Moral difference

世の中にはさまざまな価値観を持った人がいます。
その中にはどうしても**理解しがたい人**たちがいることも事実です。
そんなときも繰り返しになりますが、「相手のルールを覚える」ことです。
でもこれも「全面的に相手に従うこと」とは違います。たとえばすぐ嘘をつくような相手には、それに備え、対策を事前に立てることが「ルールを覚える」ということです。

1 インド人の場合

航空会社にいる友人から聞いた話です。

インドの取引先からの依頼で、往復の航空チケットをパーティの景品として提供したら、そのチケットを、依頼した本人が手にしたそうです。それだけならまだしも、そのチケットを譲り受けた彼の甥っ子が、空港のチケットカウンターで「このエコノミーチケットはアップグレードできると叔父から聞いている」と**ウソ**を言ったというのです。

タダでチケットを手に入れただけでなく、アップグレードまで要求する。**「言った**

もの勝ち」「言わなきゃ損」という精神で、彼らはダメ元でまずはなんでも言ってみます。うまくいけばラッキーだし、断られても気にしない。でも実は、彼らにとってそれはそれ以上でもそれ以下でもありません。ルールは「守らないもの」。ただその感覚だけなのです。

2 中国人の場合

中国人は、外国人が訪ねていくと、たいてい「ウェルカム、ウェルカム」で熱烈歓迎してくれます。はじめて会ったのに「あなたは友達、僕たち兄弟」と言って、至れり尽くせりの接待をしてくれる。「自分たちはこんなにお金を持っているから、取引をしても大丈夫」というアピールですが、これもそのままとると危険です。

中国人は昨日まで「この金額でＯＫ」と言っていても、次の日にはあれこれ理由をつけて「その値段では受けられない」と平気で言います。私たちの感覚では、昨日今日で言うことが変わる人は信用できませんが、彼らにはまるで悪気がない。変わることが当たり前というルールの中にいるからです。

何しろつい1カ月前まで10%だった税金が、いきなり20%に上がるような国です。法律や制度からしてコロコロ変わる国で、自分だけが変わらずにいることはもともと無理なのかもしれません。そういうことを知ると、ただ批判するだけでなく、彼らには彼らなりの流儀があることがわかってきます。

私たち日本人の感覚からすると、彼らはウソばかりついて信用できないように思えます。でも誤解のないよう補足すると、中国人もインド人も、高いモラルを持って世界で活躍する人がたくさんいます。

彼らは常識がないわけでも、賢くないわけでも決してなく、**彼らの海で生き抜くためのコモンセンス（常識）やモラル**を身につけてきただけなのです。

だから、私たちが私たちのモラルを振りかざして、そうした人をただ非難したりバカにしたりしていると、いつか足元をすくわれます。

日本はとても恵まれた国です。でも**きれいな水の中で育った魚は、そうではない水の中では死んでしまう。**濁った水からきれいな水には適応できても、その逆はとても難しい。これが日本人の弱さです。

11

仕事の前にレディファースト

Ladies comes first

日本人の男性が苦手なレディファースト。

これができないと、仕事以前に、男性として認められません。

私は普段ニューヨークに住んでいますが、日本に戻ると、エレベーターから降りるとき、いつも男性とぶつかります。アメリカではあらゆる面でレディファーストと決まっているので、私には「女性が先」が身体に染みついています。だからエレベーターではいつも通り、扉が開いたらすぐ降りようとするのですが、女性に先を譲る習慣のない日本では、男性と出口でぶつかってしまうのです。

アジア以外の国でこんなことをしたら、とても恥ずかしいことだと覚えてください。女性より先に降りようとしてぶつかったなんてことが知れると、「最低」とみなされます。**レディファーストができない男性は、ビジネスのスタートラインにさえ立てないのです。**

日本では、お客様が自社を訪れたとき、ホスト（自社の人）がゲスト（お客様）を案内しますが、アメリカでは見送るときも、せいぜいエレベーターの前まで来て握手して「バーイ」でおしまいです。

このとき仮に、秘書がエレベーターに同乗することがあっても、降りるときはレディファースト。ゲストだからと男性が先に降りるのもマナー違反です。

私の住むオリンピックタワーには、以前、最上階の2フロアを買い占めた**アラブ出身の大富豪**が住んでいました。当時、世界一の大金持ちといわれたその男性は、見晴らしのいい屋上に自分のプールをつくり、そこに行くための自分専用のエレベーターまで設置しました。

ただそんな彼でも、クリーニングレディとエレベーターに同乗したら、必ず女性を先に通していました。**アラブの大富豪でさえも、ニューヨークにいれば、当たり前にレディファーストをやってみせる。**そのくらいレディファーストは、紳士のマナーとして浸透しているのです。ちなみに女性は、次のような場面でも優先されます。

1　レストラン

レストランでは、男性がドアを開け、同行している女性を先に通します。

そして**女性は絶対にお酌をしません。**女性がお酌をすると、男性にサービスをする職業の人だと見られます。ホストがゲストに、女性が男性にお酌をするのが日本風ですが、アメリカでは**接待される側であっても、男性が女性にお酒を注ぎます。**お店の人がいる場合はお店の人が、いなければ男性が注ぐ。男性同士の場合は手酌が基本。パーティで食事を運ぶのも、基本的には男性の仕事です。

2 車

車に乗るときは、男性がドアを開け、女性を先に通します。降りるときは、男性が先に降りて、女性のためにドアを開けます。

相手の国の習慣やマナーを知らず、日本の常識だけで行動すると、いつのまにか白い目で見られます。どこにいても**スマートなビジネスパーソン**であるには、仕事以前に「世界標準のマナー」を身につけることも必要です。

12

#「かわいい」は戦力外

Forget about being cute

アメリカでは、ビジネスにおいて男も女もありません。成果を出すか出さないか。評価ポイントははっきりしています。

逆にいうと、女性だからといって甘えは許されません。「男性と対等に扱われる＝男性と同じことを要求される」ことだからです。

男性と同じだけ給料を稼ぎ、同じように出世したいなら、男性と同じだけ成果を出す必要があります。だから上のポジションにいる人ほど、産休・育休も早めに切り上げて現場復帰します。いい悪いの議論は別として、そこは競争社会だから、**彼女たちも生き残りに必死**です。

そもそも欧米の企業では、ポジションによる要求が最初から明確で、上司は男女かかわらず、ポジションに見合った成果を挙げたかどうかで部下を評価します。

「若く」て「かわいい」は万能か？

日本は昇進も昇給も横並び。個人の責任と権限の範囲があいまいなので、成果が出たらチーム（部署）のおかげ、失敗したらチームの連帯責任で、個人の評価と成果がもともと紐づいていません。そこで「チームへの貢献度」という評価基準のもと、極端なことを言えばチームの和を乱す人が評価を下げられ、笑顔でチームを鼓舞する人が評価されることがあります。誤解を恐れずにいえば、**運動部の女子マネジャータイプの女性**も一定の評価を受けられる土壌があるように思います。

一方、欧米は完全な実力社会ですから、いくら若くてかわいく、性格がよくても、成果の低い女性が優遇されることなんてあり得ません。そんなことをすれば、その上司は見る目のなさを非難され、ポジションを失うことになるはずです。

報酬すらも完全歩合給が決して少なくない実力社会の中で、**女性がかわいらしさだけで勝負するのは難しい**といえるのです。

エグゼクティブの妻になる女性の条件

ちなみに日本では人気の「かわいい」女性ですが、アメリカでは女性のモテる基準も違います。アメリカ人の男性は**セクシー**な女性が大好きです。セクシーというのは、外見だけでなく内面が「格好いい」、つまり自立している女性です。

マドンナや**アンジェリーナ・ジョリー**、**ヒラリー・クリントン**やヤフーCEOの**マリッサ・メイヤー**のように、バリバリ仕事をして子どももいて、それでいて美しい。あの強さに憧れるのです。ビル・ゲイツやマーク・ザッカーバーグの奥さんも、慈善事業で大活躍。できる女性だから、男性もパートナーにと望むのです。

パーティやレセプションに呼ばれたとき、夫婦単位で行動することが多い欧米では、**仕事や政治・経済の話題についていけない女性は、そもそもエグゼクティブのパートナーにふさわしくありません。**

男性からすると、悩んだときにサポートし、的確なアドバイスをくれるパートナーこそ、かけがえのない存在です。だからこそ、自分と同じ知的レベルを求めるし、それでこそ**ライフタイムパートナー**になり得るのです。

13

タブー・・・を心得る

Know what's taboo

日本では問題ないことでも、異なる国では**タブー**視されることがあります。特に訴訟社会のアメリカでは、不用意な発言は訴えられますので注意が必要です。

1 人種と宗教

まず、絶対に触れてはいけないのは**「人種」**と**「宗教」**です。「どこの出身ですか？」と聞くのは問題ありませんが、人種が話題になったとき、「黒人だから〇〇ですね」「ヒスパニックだから〇〇ですね」といった決めつけは絶対に避けることです。もちろん差別用語を口にするなんてもってのほか、**訴えられたら即敗訴**です。

相手の宗教を批判するのもご法度です。日本人には理解できないところがありますが、これは**非常にセンシティブな問題**で、戦争が起きるくらい根が深いものですから、軽々しく口にしてはいけません。相手が「自分はユダヤ教です」「ムスリムです」と表明することはあっても、それに対してコメントするのは避けたほうが無難です（どこで「地雷」を踏んでしまうかわからないからです）。たとえば、ムスリムの人に「なぜ黒い服を着ているの？」「なぜ女性は顔を覆っているの？」と聞くのはかまいませんが、「それはよくないと思う」などと言うのは価値判断が入るのでタブーです。

2　年齢

採用の際なども、**「年齢」**を聞くのはタブーです。**「結婚しているかどうか」「誰と同居しているか」「家族構成」**を聞くのもタブーです。これは余談ですが、ロッキーさんは、私と結婚した後、２年間、私の年齢を知りませんでした。夫婦間であってもこれはあてはまります。これも差別を避けるためです。

3　性の嗜好

仕事上の付き合いにおいて**「アー・ユー・ゲイ？」**などと聞くのは禁止です。「ゲイっぽい」もダメ。日本だと男性に気軽に**「オネエ」**などと言いますが、アメリカではそれを匂わせただけでも訴訟を覚悟する必要があります。

以上のように、**プライバシーにふれる質問は基本的にダメ**です。そこは法律で決まっていますから、違反すれば罰せられます。履歴書にも、プライバシーに関する内容は書きません。

お店で働いていたウェイトレスが妊娠し、お腹がだいぶ大きくなったため、マネジャーが「もうそろそろ働く時間を少なくしたほうがいいんじゃないか？」と提案したところ、会社が訴えられたこともありました。

日本人の感覚だと、相手の体調を気遣ってよかれと心配したことも、**差別（discrimination）**になることがあり、結局、会社は彼女に賠償金を払うことになりました。親切心から言ったことでも、訴えられれば負けることもある。だから、発言には慎重にならざるを得ません。

そういうことも含めて、ビジネスをするときは相手のタブーを事前によく調べる必要があります。自分の尺度で物事を測っていると、**とんでもないところで痛い目をみる。**自分の常識はすべてに通用しないのです。

14

簡単に謝らない

Never apologize

アメリカ人は本当に謝りません！

身体がぶつかったときや、ちょっと物を落としたときには「エクスキューズ・ミー」と気軽に言うのに、それ以外ではまず謝らない。「謝る＝自分の非を認める」ことなので、そこに付け込まれるからです。それが原因で訴訟になったら自分に不利になる。だからよほどでなければ**「アイム・ソーリー」**とは言いません。

一方、日本人同士なら、自分は悪くなくても「すみません」と言ったほうが関係がスムーズにいくことがよくあります。そういう日本人からすると、**アメリカ人の謝らなさ加減は異常**です。

25年以上ニューヨークに住んでいる私でさえ、頭にくることはたくさんあります。しかも、アメリカ人は「エクスキューズ」してきます。「なぜそうなったのか。原因はこれこれで、自分のせいではない」と言う。**要するに言い訳**です。

謝らないから言い訳は一人前です。相手に有無を言わさぬよう、早口で自分の正しさをまくしたてる。あまりに言い訳がましいときは、私も思わず「エクスキューズしないで」と言ってしまいます。

アメリカ人は謝らずに裁判に持ち込む!?

明らかにミスをしているのに、責任を問い詰めても自分が間違ったとは絶対に認めない――。謝罪しないにしても、反省して次に活かしてくれるならいいのですが、自分の非を認めず、同じミスを繰り返すようなら、関係を絶つしかありません。取引先なら取引をやめる。知り合いなら付き合いをやめる。従業員ならクビにする。もめるようなら**裁判**です。それで何も問題はありません。

日本人同士だと、もめごとが起きてもどちらかが謝りを入れれば丸く収まりますが、アメリカでは、何かあったらすぐ弁護士に電話して**訴訟**です。謝罪しないから出るところに出ないと話が収まらないのです。

訴訟慣れしていない日本人は「訴えられた」というだけで気が動転してしまいますが、**アメリカでは日常的に裁判があるので、訴訟になってもそこまで深刻になりません。**裁判はお金がかかると思うかもしれませんが、日本だと飲んで食べて和解する。その「付き合い」にかかるお金は、弁護士費用と同じだという話もあるくらい。どちらも問題解決を図るための**「コスト」**です（日本の繁華街が、企業の接待交際費で支えられていることを思えば、アメリカに弁護士がたくさんいる理由もわかりますよね？）。

たとえば、オフィスに電話するはずの約束を、ついうっかり忘れてしまったというような軽いミスなら、素直に「ごめんなさい」と謝ったほうが話が早い。

でも、**仕事上のトラブルで、どちらに非があるかわからないようなケースで、まず謝罪から入るのは危険**です。

謝るときは損害賠償を払うとき

期日までに納品する予定が間に合わず、「遅い」というクレームがきたときも、つい日本の習慣で、「すみません」と謝ると、「じゃあ損害賠償を払え」という話になってしまいます。それを避けるために彼らはエクスキューズするのです。

真っ赤なウソや責任のなすりつけでなければ、言い訳してもいやらしくはとられません。それは自分のせいなのか、それとも別の誰かの責任なのか。自分にできることとできないことを分けて説明すれば、相手も対策を立てやすいし、自分に降りかかる火の粉を最小限に抑えられます。

たとえば、「原材料が予定通り入ってこなかったために作業が遅れた」「自分はやれるだけやったのに従業員が病気で休んで加工がストップした」といったことは、クライアントに謝る前にきちんと説明していいことです。そうしないと、すべて自分の責任になってしまう。これを「言い訳」ととらえる必要はありません。

日本だと謝罪もせずに言い訳をはじめると、「それはおたくの事情であって、うちには関係ない」と、かえって火に油を注ぐことになりかねませんが、アメリカでは、事実関係をきちんと説明する必要があるのです。

「謝る」ということは、そのかわりに何かを要求されることとセットで考えなければいけません。日本人同士なら、非を認めて頭を下げれば丸く収まるかもしれませんが、欧米人相手では謝罪だけで問題解決とはなりません。その分の賠償をしなければいけないことを覚えてください。

15

「タイムイズマネー」を肝に銘じる

Time is Money

仕事でニューヨークに来た人がまず驚くのが、**圧倒的なスピード感**です。

こちらでは「Time is more than money.」の意識がすみずみまで浸透しています。貴重な時間をムダにせず、いかに有効活用するかが、優秀かそうでないかを大きく分けます。

私たちの時間は限られています。1日は24時間しかありませんし、働けるのがあと20年だとしたら、7300日しかない。そのうちの3分の1は眠っていますから、時間をうまく使わなければ、大きな夢は実現しません。

成果主義の出来高システムでは、同じ時間でどれだけ多くの成果を生み出せるかが勝負です。早め早めの行動はそれだけで評価の対象になりますし、日本とアメリカでは給料に対する考え方が根本的に違いますから、仕事に対する姿勢も違ってきます。

だからこそ仕事をするときは、次のことに留意します。

1 ホウレンソウ（報告・連絡・相談）のコツ

アメリカのエグゼクティブはとにかくせっかちです。時間がいかに大切か誰よりもわかっていますから、**エリートほど結論を早く出したがります。**だから会社にホウレンソウ（報告・連絡・相談）するときは、ポイントをまとめてわかりやすく、そして相手の貴重な時間を使うのだから、極力短くするのが基本です。

ポイントをつかむのがうまく、短くコンパクトにまとめられる人は頭がいいと思われます。一方、焦点の定まらない**ポイントレスな説明**を延々とする人は、人をイライラさせ「だから何？」と言われておしまいです。1分ですむ話を5分も10分もする人は、相手の時間をムダにする**「できない人」**です。

2 プレゼンテーション／スピーチのコツ

これも長々とするのはダメです。プレゼンやスピーチで一番大切なのは、その場にいる人たちの**アテンション**をどれくらい引きつけられるかです。簡潔にポイントを突いて、ダラダラと話さない。資料もインパクト重視でできるだけコンパクトにまとめます。

「この資料を1週間で仕上げてほしい」と言われたとき、1週間を丸々使って細部まで完璧に美しく作り込むのが日本人、一方、アメリカ人はスピード重視です。とりあえず3日で仕上げて問題がなければそれでOK、問題があったら手直しして再提出、というほうが評価が高い。アマゾンでは社内プレゼンで、パワーポイントを使うことを禁止しているそうですが、これも見栄えに時間をかけるより、中身を重視している表れです。

3 メールのコツ

メールは送るのが楽で、相手の時間を邪魔せず、いざというとき記録に残るため便利ですが、できる人は電話をかけても迷惑でない相手には、**まず電話**をかけます。電話して相手がつかまらなかったらメールにすればいい。相手の返信を待っている時間がムダだからです。

たとえば電話で問い合わせれば、その場で結論が出ることも、メールで送ると回答が翌日ということがあり得ます。**数分と24時間、どちらが効率的か**といえば答えは明白です。

また個人的なことをいえば、メールについては社員からよく「ｃｃで入れておきました」と言われるのですが、**メールを送ることで仕事完了と思い込むことはやめさせています。**

仕事はクロージングが大事です。メールを出しただけでは、仕事は完結していません。送ったメールはちゃんと相手に届いたのか、そのメールは読まれたのか。そこまで確認して（クロージングして）はじめて仕事を「した」ことになります。

メールを送ればあとは相手の責任、ではなく、返事を確認するまでが仕事。

相手がメールに気づかない時間をムダにさせないためにも、返信がなければきちんと確認の連絡をする。ここでも時間をムダにしない心配りが必要です。

メールは便利なようで使いこなせないと逆に時間をムダにし、相手にもムダにさせる**「落とし穴」**のあるツールです。「あれ、どうなった？」といちいち聞かれなくても、「あの件はこうなりました」と終了報告を怠らずにいると、「できる人」と思われます。

「Closing is money.（クロージングは金なり）」。ビジネスはきちんとクロージングまで持っていく能力が、最終的にその人の稼ぐ能力に直結します。

16

会議では必ず発言する

Speak out in a meeting

ミーティングでは黙っていると、参加していないと判断されます。本人は遠慮しているつもりでも、意思表示をしなければ、その人はそこにいないも同然。だからミーティングに出たら、次のことに気をつけます。

1 とにかく発言する

日本の会議は意見が出なくて困ることもあるようですが、アメリカの会議は違います。会議では、いろいろな意見が飛び交い全員が発言します。放っておくと収拾がつかなくなるから、「はい、どうぞ」「次の人、どうぞ」という具合に、交通整理が必要なほど。当てられたときに何も発言しないと、**「いてもいなくてもいい人＝どうでもいい人」**とみなされ、次からは呼ばれなくなります。

どんな話題でも、「言いたいこと」の一つや二つはあるはずです。「意見というほどのことじゃないけれど、私はこう思う」というのも一つの意見。実際、会話をよくよく聞いていると、外国人も**たいした意見を言っているわけではありません。**ただ感想や思いつきを言い合っているだけだったりもするものです。

2 賛成／同意でも意思表示する

日本では、前の人の意見に賛成／同意の場合は、あえてそれを口にしませんが、一般的には賛成なら賛成と表明しないと、「意見なし」とみなされます。「彼の意見に賛成です」「彼女の意見に同意します」も立派な意見。「好きか嫌いか」を言うだけでも、黙っているよりはるかにマシです。

3 どっちつかずの意見は言わない

日本人によくありがちなのが、賛成でも反対でもない、好きでも嫌いでもない**グレーゾーンの意見**ですが、それも通用しません。黒か白か、はっきりさせるべきです。

4 担当外でも意見を言う

日本では、ファイナンスのことはファイナンス担当者が、マーケティングのことはマーケティング担当者が報告して終わり、という会議が多いと聞きますが、そういう会議はあり得ません。門外漢だからこそ、思ってもみないアイデアが出る可能性があるからです。ひとつの問題に対してみんなが積極的に意見を出し合えば、会議も実りあるものになります。そのためにも、全員がしっかり意見を出します。

5 出し惜しみをしない

会議では出し惜しみをしないことも大切です。自分のアイデアは全部出す。そうすれば、他の人からもどんどんアイデアをもらえますし、たくさんのアイデアを出せば、それだけ**存在感**が増すとともに、さらなるアイデアも生まれます。

特にエグゼクティブは、出し惜しみをしません。「どうせ給料は同じだからできるだけ出さずに過ごそう」とか、「これは自分だけのアイデアだから他の人に教えるのはやめておこう」などといった中途半端な考えの人は伸びません。出し惜しみをせず、常に全力で問題解決に当たっていると、どんどんアイデアが膨らみ、「あの人は発想が豊かで面白い」と評判になれば、まわりに人が集まります。

17

プロを使いこなす

Know how to use professionals

ビジネスに交渉は欠かせないのに、日本人はこれがとても苦手です。学校で習わないせいでしょうか。しかも上手でないだけでなく、**「交渉するのは下品」**という偏見や誤解もある気がします。

でもビジネスは、交渉で成り立っています。日本を一歩出れば、たとえどんな手を使っても自分に少しでも有利に事を運ぼうとする人たちばかりです。交渉のやり方を知らないままビジネスをしようとすると、いいようにやられます。交渉のプロが、**「カモはいないか」**と手ぐすねを引いて待っているのです。

交渉を成功に導くための基本は、相手の立場に立つことです。

相手がこちらの提案を受け入れれば、どんなメリットがあるのか。いくら儲《もう》かるか、どれだけ客が増えるか、いくらコストが削減できるか、どれくらい知名度がアップするか。そこまで明示してはじめて、相手は真剣に検討しはじめます。

そして交渉は、タフな人には女性らしさを活かしてチャーミングに、こちらをなめてくる相手には女性でもタフに攻めるなど、**相手に合わせてカメレオンのように戦法を変える**のもテクニックです。私もハーバードでこれをさんざん勉強しました。

交渉では弁護士を「使いこなす」

ちなみに訴訟大国アメリカでは、交渉のテーブルにすぐ弁護士が登場するので、こうした**プロを使いこなせるかどうかが交渉の成否を分けます。**

このとき弁護士は、**「雇う」のではなく「使いこなす」**ことが重要です。

弁護士は時間給なので、放っておくと、いつまでも仕事を引き伸ばしにかかります。わざと話を複雑にしたり、長引かせたり（そのほうが儲かるからです）。

海外進出した日本企業の多くは、この手の弁護士にいいようにやられています。

私は弁護士に任せっぱなしにせず、「今どうなってるの？」「なんでこんなに時間がかかるの？」とあれこれ口を出したり、弁護士をチェックするための弁護士を雇ったりしています。プロだからと遠慮しないこのやり方が、海外では**「普通」**なのです。

日本人は医者や弁護士などの専門家（プロ）に弱く、なんでも言う通りにしてしまいますが、ビジネスではプロを使いこなすことがとても重要です。

この力はサラリーマンであっても、これから必ず必要になる能力だと思います。

18

お金の話をタブーにしない

Talk about money

ビジネスというのは、モノやサービスとお金のやりとりですから、最初にお金の話を詰めるのは当然です。

でも特にアジア人はお金の交渉を避けがちです。

これは相手に失礼と思っている方が多いためのようですが、そのせいであとから「そんなつもりじゃなかった」となっては、取り返しがつきません。

たとえば医者にかかったときでさえ、「手術するのにいくらかかるか」「保険でどこまでカバーできるか」、そういったことを先に詰めておかないと、日本以外の国ではとんでもない額を請求されます。

値切ることは恥ではない

ギャランティも交渉が基本です。

これは相手が弁護士であろうと、会計士であろうと、値切るのが一般的です。

たとえば弁護士に仕事を依頼するとき、金額を聞くとたいてい「わからない」と言われます。弁護士は時間給なので、案件によりギャランティが変動するからです。とはいえ「わからない」ではこちらも頼めないので、そういうときは「レンジ（幅）」の提示を求め、そこからは自分なりの相場観で交渉します。

先述しましたが、特に日本人はプロに弱く、プロを雇うときのギャランティをディスカウント交渉しようなんていう日本人はまずいません。そもそも**「士業」の報酬を値切るという発想がない**のです。

でも私は相手の言い値で支払ったことなど一度もありません。一般のビジネスと同じく、少なくとも3割はディスカウントします。それが「普通」だからです。

価格交渉では、最初に提示する金額によって最終的な妥結額が左右されます。たとえば、自分が「100ドルではどうか？」と言い、相手が「安すぎる。150ドルはもらわないと」と言ったとすると、最終的な妥結額はおそらく間をとって125ドル前後になります。

だから値引き交渉のときは、最終的に落としどころとなる金額から逆算して、**3～5割引き、値上げ交渉のときは3～5割増しからスタート**すると、狙った金額付近で交渉がまとまります。アジア人特有の正直さから、最初からギリギリの金額を提示すると、そこが最低ライン／上限ラインになってしまうので、注意が必要です。

日本だと「お金持ちは値切らない」「細かいことは言わない」と思われがちですが、**一般的にはお金持ちほど金額にはシビアです**（だからお金持ちになったのです）。

ちなみにこうした契約は、契約書をつくれば完成というわけではありません。国によっては、契約を守らない人も少なくないからです。

そんな場合は、「契約書の契約を守らなかった場合の契約」も結んでおくなど、二重三重の備えが必要です。

すべては**「Open the door, close the door.（ドアを開け、ドアを閉めて）」**。ドアをオープンするだけなら仕事は半分、クローズしてようやく完結します。できる人はクロージングが上手です。

19

アナログを大事にする

Treasure analog

移民国家のアメリカは、**マニュアル文化**の国でもあります。文化や風俗習慣が異なるさまざまな人種、民族がひとつの職場で働くため、ある程度決まったフォーマットがないと、仕事の質を維持できないからです。

でもその一方で、アメリカでも**上に立つ人ほどマニュアルから外れた仕事をします。**できる人ほど画一的ではなく、言ってみれば日本人の「おもてなし」の精神に近い、人間味あふれる仕事をします。

たとえばアメリカ人は、年賀状の代わりにクリスマスカードを送りますが、これは印刷済みのカードにサインだけして送る人が大半です。

しかしできる人ほどどここに一言**「手書きのメッセージ」**を入れます。

何十、何百通も受け取る側からすると、サインだけのカードはチラッと見たらゴミ箱に直行。でもそんな中に、たとえ一言だけでも手書きのメッセージが添えられたカードがあったら目立ちますし、それがその人と自分だけにわかるような「プライベートなメッセージ」だったら、なおさら捨てずにとっておくかもしれません。

実際、エリートほど手書きの価値を知っています。

デジタル時代だからこそ、アナログがかえって相手の心に響くのです。

私もカードにはメッセージを書き添えるようにしています。字がうまくなくても、「来年はニューヨークへ来てね」と書けば印象に残ります。「連絡してみようか」と思ってくれるかもしれません。

アメリカン・エキスプレスの凄腕営業術

知り合いのインド人に、アメリカン・エキスプレスの凄腕営業マンがいます。

彼はイギリス在住だから、私がいるニューヨークとは電話でやりとりをします。交渉が終わると「じゃあ、また」と言って電話を切るのですが、次の日にはニューヨークにいて、「昨日の件ですが、食事をしながら会って続きを話しませんか？」と電話をしてきます。昨日の今日でもうニューヨークにいるのです。

これでみんな感激してしまいます。

こちらとしては、わざわざ出てきてくれた相手の誘いを断るわけにもいきません。

彼はそうやって仕事をとるのです。あるときはジュネーブから電話をしてきて、翌日にはミラノにいる。さらに次の日にはインドへ飛び立つ。その繰り返しで、彼の営業成績は群を抜き、出世の道をのぼりつめています。

タイの大富豪の気遣い術

タイのマイナーグループといえば、2000軒のレストランとホテル、ピザハットなどを持つ地元では有名な企業グループですが、私たちと提携して、タイ国内ではベニハナも展開しています。

CEOはプライベートジェットを何機も所有する**大富豪**。でも少しも浮わついたところのない、実直で、フレンドリーで、とても庶民的な方です。そんな彼があるとき私へのメッセージのなかで**「ムギちゃん元気？」**と聞いてきたことがありました。私が愛犬のムギちゃんと暮らしているのを覚えていてくれたのです。これには私も驚きました。

私の知っている海外のエグゼクティブは、こうした**ちょっとした気遣い**に長けています。決して偉ぶることなく、相手の心の琴線に触れるようなことをさらりとやってのける。とても**チャーミング**なのです。

彼らはきっと、偉くなったから気を遣うようになったのではなく、こういう方だからこそ、誰からも愛され、周囲の人に応援され、ＣＥＯになるのでしょう。私たちもぜひ見習いたいところです。

こうした気遣いは本来、日本人の得意とするところです。

私がニューヨークに来た頃と比べると、日本人を理解するアメリカ人がずいぶん増えました。日本の文化も、日本人の気質も、日本人のよさも、彼らはよく知っています。だから私たち日本人は、これまで以上に世界で受け入れられるチャンスがある。私たちはこのチャンスを活かすべきだと思います。

自己ブランディング

第３章
Self Branding

20

突出した個性を手に入れる

Be unique

自己ブランディングで磨くべきは「個性」です。

ではどんな個性なら他人に印象を残すことができるでしょうか。

人はその多くが、他人を「好きでも嫌いでもない」「どっちでもいい」と考えています。でも20人でも自分を「大好き」と言ってくれる人がいれば、そこからチャンスは広がります。その代わりその他の人からは「大嫌い」と思われるくらいでかまわないと私は思っています。

個性が際立っていれば、自分のことを「大好き」な人も「大嫌い」な人もいて当然です。**私たちがとるべき戦略は、「大嫌い」な20人を減らすことではなく、「大好き」な20人を、30人、40人と増やすことです。**

最悪なのは、自分のことを「大好き」な人も「大嫌い」な人もいない状態です。

100人が100人、自分のことを「好きでも嫌いでもない」「どっちでもいい」と感じているなら、誰の印象にも残っていないということです。

つまり、いてもいなくても同じ。

自分というブランドは認知されていないのです。

「リトルタイガー」というブランド

私は以前、**「ケイコはストロングレディだ」**とウワサされていると聞きました。「強い女」というのは、どうかと思われるかもしれませんが、これは喜ぶべき話です。「ストロング」でも何でも、自分がひとつのイメージに固定されたということがいいのです。**ケイコはストロング。ストロングはケイコ。**物怖じせずにどんどん突進していく私は、やがて「リトルタイガー」の称号も手にしますが、それも私を強烈に印象づける**ブランド**です（だって、一度聞いたら、忘れないでしょう？）。

自分に何らかのカラーがつくということは、それだけ認知されたということです。色は何色でもいいのです。色がつくということが大切で、ロッキーさんもよく**「No news is bad news.（ニュースがないのは悪いニュース）」**と、誰の話題にものぼらないことをよしとしませんでした。

色によっては好き嫌いがはっきり分かれるかもしれませんが、それはそれでかまわない。むしろ好き嫌いがはっきりする色ほど、個性が強いということです。

21

白髪は染め
薄毛はスキンヘッドに

Shave your head

1 髪

自分というブランドを他人に印象づけるとき、最も大事なことは、**「エネルギッシュに見せること」**です。自信があって気力に満ちあふれ、テンションも高めで、エネルギッシュであること。これが相手に印象を残します。

人々を魅了する強いブランドを持つ人たちの共通点は、エネルギーレベルが高いことです。こういう人たちは、**独特のオーラ**を身にまとっています。

他人にエネルギッシュな印象を与えるには、「自分」への投資が不可欠です。

たとえば**「顔中シワだらけ」**で**「ドス黒い顔」**をした人よりも、ちゃんと手入れをして、肌つやがいい人のほうが、パワーをくれる予感があります。

日本のビジネスパーソン（特に60代ぐらいの方）は、アメリカ人に比べて**自身の見栄えにお金をかけなさすぎ**です。健康そうでエネルギッシュに見えることは、自己ブランディングの基本です。たとえば次のような部分です。

白髪はそのままにせずきちんと染めること。それだけでも**見た目は10歳若返ります。**髪の毛は定期的にカットして、清潔さを保つ。白黒まだらのボサボサ頭で、フケだらけなんて最悪です。職場の若い女性たちも、きっと「こんな汚いおじさんと一緒にいるのはイヤ」と思っているはずです（笑）。

薄毛で悩む男性は、地肌が目立つようになったら、いっそのことスキンヘッドにしてはいかがでしょうか？　日本では敬遠されがちですが、**スキンヘッドは男性の力強さの象徴**です。俳優のブルース・ウィルスやアマゾンのジェフ・ベゾスを筆頭に、スキンヘッドは**強力なカリスマ性**と**自信**を感じさせます。

女性の場合は、年齢を重ねると髪の毛が細くなり、コシがなくなるので、ボリュームを持たせます。そして女性は**「キュート」**や**「プリティ」**よりも、**「ゴージャス」「グラマラス」「セクシー」**が外国ではだんぜん受けがいいです。

2　肌、爪、歯

肌ツヤがなく、**「シワ」**や**「目の下のクマ」**、**「シミ」**だらけの顔は老けて見えるので、欧米企業のエグゼクティブは、男性でもエステティックサロンに通って肌の手入れをしたり、ネイルサロンで爪の手入れをします。

意外と見落としがちなのが**「歯」**です。笑顔に白い歯、というのは、健康な人のトレードマークのようなもの。歯のクリーニングとホワイトニングには、多くの人が投資をします。またアメリカでは、歯並びが悪いと育ちが悪く見られます。

3　身体を鍛え、姿勢をよくする

健康でなければ、エネルギッシュに見えません。ジムに通ってトレーナーをつける、エクササイズをして身体を動かし、サウナに入って汗を流す。それだけでも肌ツヤは違い、お腹が引っ込み、姿勢もよくなる。体力づくりも自分への投資です。

アメリカにはただ健康になりたいだけではなく、自分の体型を気にしている人がたくさんいます。たとえば**「胸板が厚い」**ほうがスーツを着たとき格好よくエネルギッシュに見えます。トレーニング中、鏡の前で自分の体型をチェックしている人も多くいます。それだけ「自分がどう見えるか」に気を配っているのです。

22

ワイシャツの下に下着は着けない

No undershirts under your shirts

「**髪**型」や「肌」「姿勢」など身体的な部分に加え、**「服」**や**「靴」**など、身につけるものによっても、見た目の印象はずいぶん変わります。自分らしい格好をすること、清潔な服を身につけていることも、立派な自己ブランディングです。魅力的なアピアレンス（見た目）はビジネスにとても重要です。

1 スーツ

若い人は高いスーツを買うのは難しいかもしれませんが、値段に限らずスーツは脱いだ後にきちんとハンガーに吊るす、**シワが入ったらスチームアイロンで伸ばす**といったことをこまめにやるだけで、**清潔感**を保てます。

そのうえでスーツは、年齢やポジションにふさわしいものを身につけることを心がけます。エグゼクティブはエグゼクティブらしく、それなりに**値段の張るスーツ**を着ないと、相手に足元を見られます。

こだわりの強い人は、自分の好きなお店が決まっています。「アルマーニ」が好き、「ヒューゴ・ボス」が好き、「ダンヒル」が好き、「グッチ」が好き……。そうであるなら、店の店員と仲良くなって、店員からアドバイスを受けつつ一式揃えられると、同一ブランドなら統一感が出るし、「あの人はいつもアルマーニのスーツを着ておしゃれ」などと印象づけることもできます。

エグゼクティブは忙しいので、年に数回、季節ごとにデパートに行って、自分に合う服をまとめ買いすることも多いようです。**「サックス・フィフス・アベニュー」**のような高級デパートには、**パーソナルスタイリスト**がいて、その人に合ったスーツやシャツを見繕ってくれます。プロのスタイリストがセレクトした服ですから、センスはいいし、どこに着ていっても恥ずかしくありません。

2 シャツ

毎日パリッとしたシャツを着ることが、見た目の印象をよくします。シャツはサイズも重要です。大きすぎず、かといってピッタリしすぎず、ちょうどいいサイズを素肌に着る。**ワイシャツはもともと下着扱いなので、アメリカでは日本のようにシャツの下に下着を着ません**（シャツの下の下着が透けて見える男性は、セクシーではありません)。そしてニューヨークでは**一年中ネクタイありの長袖シャツが基本。**ネクタイをしないのは、カジュアルフライデーのときだけです。

3 靴

家の中でも靴を履く社会では、**「お金持ちかどうかは靴を見ればわかる」**と言われます。女性はバッグやアクセサリーに目がいきますが、男性の場合は**靴とベルト。**身につけている革製品の値段と手入れの具合で身なりをチェックされます。

日本だと履きやすい「ウォーキングシューズ」をビジネスユースにしている人を見かけますが、**海外ではやめたほうが無難**です。それこそ「足元」を見られます。汚れっぱなしの靴もご法度です。ニューヨークにはあちこちに靴磨きがありますが、**ここに使う5ドルを惜しんではいけません。**

男性の場合、同じ黒い革靴でもフォーマルな場でも通用する「ドレスシューズ」から「ビジネスユース」「カジュアル向きのもの」まで細かく分かれているので、TP

Oに合わせて履き分けます。女性はフラットシューズで通勤して、オフィスに着いたらヒールに履き替える。日本だとヒールで通勤して会社ではサンダル履きだそうですが、**ニューヨークは逆**です。人の目があるオフィス内こそ、素敵なアピアランスを心がけます。

4　定番を持つ

ブランディングという意味では、同じものを身につけるというのも手です。

アップルの故スティーブ・ジョブズといえば、**黒いタートルネックにジーンズ**姿が目に浮かびます。フェイスブックのマーク・ザッカーバーグは**グレーのTシャツ**。あそこまで徹底するのは大変ですが、たとえばレーガン元大統領はいつも**赤いネクタイ**を着用していました。こうすると、相手の印象に残りやすいからです。

私はベニハナ・オブ・トーキョーの経営者なので、必ずどこかに「赤」を取り入れるようにしています。相手に覚えてもらうには、さまざまな工夫が必要です。

23

ユーモアのセンスを磨く

Be humorous

自己ブランディングを考えたとき、**「センス・オブ・ヒューモア」**は欠かせません。ユーモアのセンスがある人は、それだけで魅力的。

笑いは元気の源です。みんな笑顔になりたいから、**ユーモアのある人のまわりには放っておいても人が集まります。**

外国人を相手に英語で笑いを取るのは難しいと思うかもしれませんが、大丈夫。最初に、「私は日本人で、あなたたちのように英語が上手じゃありません」と断りを入れれば、ハードルを下げられます。

コンピュータにできない唯一のことがユーモア

ユーモアのセンスのある人は、どんなときも笑いでみんなを元気にします。

その場の空気を敏感に感じ取り、相手に応じて臨機応変にユーモアを繰り出す。

これは頭の回転が速くないとできません。

先日、私が面接した男の子は長髪でした。「どうしてあなたはそんなに髪の毛が長いの？」と聞くと、**「父の髪の毛が薄いから、切るのが怖いんです」**と真面目な顔をして答えました。思わず笑ってしまいましたが、面接の場でこういう切り返しができる人は、ビジネスのどんな場面もその場の機転でうまく切り抜けられるはずです。

お客様からクレームがきたときに、毎回「社内に持ち帰って検討します」では務まりません。**落ち度があったときこそ、ときにユーモアが救ってくれる**ことがあるのです。

世の中がめまぐるしく変化して、何が起きるかわからない時代です。

ビジネスではマニュアルに書かれていないこともたくさん起きます。

そんなときこそとっさのユーモアで、トラブルを乗り切ることはとても重要です。

教えられたことしかできないとしたら、機械と同じ。

教えられたことにプラスして、その場の状況に応じて、よりよい方法を見出せるのが人間です。そうでなければ、人間は機械との競争に負けてしまいます。

コンピュータとインターネットの登場で、何かを調べるために必要な時間はとても短くなっています。グーグルで検索すればたいていのことはわかりますし、人と連絡をとるのも、データを分析するのも、新しいサービスを立ち上げるのも、以前とは比べものにならないくらい、短い時間・安いコストで実現できるようになりました。機械はこうした仕事が得意です。

でもコンピュータに唯一できないもの。

それが**プログラミングされていない「ユーモア」**です。

ユーモアのセンスを磨いて、人を笑顔にすること。

その場の空気やニーズを読み、相手に対する洞察力、一瞬の判断力をもって、話題豊富に、来る人みんなを笑顔にできる人は一流です。

それだけの逸材を、世間が放っておくわけがありません。

24

ジムのロッカーをクローゼットにする

Your gym is your closet

意外な一面を知って、相手に急に親しみを持った経験は、誰にもあるのではないでしょうか。意外性は、相手との距離をグッと縮める**特効薬**です。

たとえば、ふだんの私はビジネスレディで、ビジネスしかしていないように見えるかもしれませんが、お客様を自宅に招待して、エプロンをかけて一生懸命お料理をしていると、「え？　ケイコさんも料理するの？」と驚かれます。「Of course, that is my hobby.（当然よ、趣味なんだから）」とでも言えば、それまでとは全然違う私を印象づけることができます。

ふだんはお堅いイメージの男性が、自宅でピアノを優雅に演奏したら、誰でも「すごい！」と思うはずです。まったくそういうタイプには見えないのに、カラオケでロックを歌わせたら右に出る人がいないとか、ダンスがとてもうまいとか、普段の姿とのギャップが大きければ大きいほど、印象は強くなります。

そういう**意外性をあえて演出する**のです。

うまくショーアップできれば、相手の心をギュッととらえて離しません。

ディナーは着替えて参加

見た目で意外性を演出するのに最適なのは、**ディナータイム**です。

仕事の後、夜に再会したらまったく別人だったというのは、最高のインプレッションです。そして、欧米の人たちは、この演出がものすごく上手です。

日本では、ディナータイムは6時半や7時スタートが普通ですが、アメリカでは8時か8時半からが一般的です。ドイツとイギリスは日本に似て、わりと早めですが、フランス、イタリア、スペイン、ギリシャは22時以降のスタートもめずらしくありません。22時に迎えに来てもらい、23時から食事ということもあります。

なぜかというと、ディナーに行く前に必ず着替えるからです。自宅が近い人はいったん帰宅して、シャワーを浴びて、着替えて行く。遠い人はたいてい**会社の近くのジムでシャワーを浴びて着替えます。**ロッカーにジャケットやネクタイ、ポケットチーフなどを預けておいて、職場とは違った装いでディナーを楽しむのです。

24　ジムのロッカーをクローゼットにする

アメリカでも、単なるビジネスディナーは、会社帰りにそのまま行くため、服も着替えませんが、プライベートで誰かに招待されたり、人脈づくりがメインのときは必ず着替えます。仕事上の付き合いでも、**交流目的のパーティなら、昼間と違った格好で参加するのが普通**です。

海外に出張するときは、ぜひ仕事着以外のパーティ用のスーツやドレスを一着、持っていってください。仕事を終えホテルに戻り、ふたたび出てくるときは、すでに昼間のミーティングとは違う格好で、**見違えるほどゴージャス**だったり、**セクシー**だったりすれば、相手はあなたを見る目が変わります。

仕事用のスーツしか持っていないという人は、出張や海外赴任の前に一式揃えておくといいかもしれません。若い人は**ZARA**や**H&M**などのファストファッションでもいいのです。専用の服でその場を楽しむことが自分を他人に印象づけ、自分のブランドを手にするきっかけとなるのです。

25

家は郵便番号で選ぶ

Pick your zip code

自己ブランディングを語るとき、他人からの信用を得ることも重要です。アメリカのような多民族国家でこれを手に入れるのは、簡単ではありません。そこで、次のようなテクニックが必要です。

1 裕福に見せる

オリンピックタワーに部屋を借りる交渉に行ったとき、知り合いからアドバイスをされたのは、「とにかくキラキラさせていけ」ということでした。できるだけ**「いい時計」「いい財布」「高そうなジュエリー」**を身につけていけと。こうした演出が信用の尺度になるからです。

2 ZIPコード（郵便番号）で家を選ぶ

他人からの信用を得たいなら、どこに住んでいるかは重要です。**アメリカでは、住所によって、その人が属する階層《ランク》がわかります。**

日本ではどこに住んでいようと階層に大きな差はありませんが、アメリカでは、**ZIPコード（郵便番号）**でまったく違います。

たとえば同じ通りを隔てて5分も行かないのに、**「お金持ちが住んでいるエリア」**と**「そうでないエリア」**があり、両者はZIPコードではっきりと分かれる。そのため住所を見るだけで、その人のランクがわかるのです。

相手もそれで人を判断しますから、他人から信用を得たいなら、これを逆手に、ZIPコードで家を選ぶことが重要です。

とはいえ、ニューヨークやサンフランシスコなどの大都会は家賃がかなり高いので、いいところに住むのはなかなか難しく、それはニューヨーカーも同じです。そこで彼らはここでも**「スポーツジム」**を活用します。

朝、会社近くのスポーツジムに行って一汗かき、シャワーを浴び、スーツに着替えて出社する。帰りもジムに立ち寄り、シャワーを浴びて、プライベート用のスーツに着替えてディナーに向かう。ロッカーはうまく使えば、ワードローブ代わりになります。

ニューヨーカーの多くがジムに通うのは、エクササイズのためだけでなく、実はシャワーやサウナ、着替えの場として利用しているからです。メンバーになるにはそれなりの費用がかかりますが、その分、部屋はせまくてかまわないので、家はベッドひとつ置いてあるだけのコンパクトなワンルームにする代わり、少し値の張る理想のＺＩＰコードのエリアに家を借りるというわけです。

アメリカは自由であっても平等な国ではない

先述した通り、アメリカは厳然とした階層社会です。日本人の私たちからするとビックリするくらい、違う階層の人たちとは交じり合いません。ただ、表立ってそれを口にしてしまうと**「差別」**になるので、いろいろな**「区分け」**のしかたが発達しました。たとえばアメリカ人が考えたクレジットカードも、普通のカードからはじまって「ゴールド」「プラチナ」「ブラック」と分かれ、上に行くほどステイタスが上がります。

移民国家アメリカには、種々雑多な人たちが住んでおり、治安のいいところもあれば、犯罪多発地区もあります。

リッチな自治体は教育にも、行政サービスにもお金がかけられる一方、税収の少ない自治体は、警察や消防といった基本的なサービスさえ満足のいくレベルに達しないことも珍しくありません。

地区の税金を上げることで、階層《ランク》の異なる人が入ってこられないようにする。先にご紹介したプライベートクラブも月々の会費を高くすることで、結果として**入ってくる人たちを峻別している**のです。

そうやって彼らは地域社会や自分たちのクラブを守っている。

アメリカ社会のこうした面を知らずに、単純に自由な国だと思っていると、底辺をさまようことになりかねません。

ビジネスの成功を手にしたいなら、ブランディングの基礎として、**この階層《ランク》の理解**は欠かせません。

26

日本人であることをウリにする

Being Japanese, that's your advantage

私たちが知るべきなのは、日本人であることで、ブランディングという点では、だいぶ得をしているということです。私たち日本人は「正直さ」や「真面目さ」「勤勉さ」「丁寧な仕事ぶり」で知られています。商売相手として、世界中の人たちから信頼されているのは、**アメリカ人、イギリス人、ドイツ人、日本人**です。これは思っている以上に大きなアドバンテージです。

それ以外の国の人たちがどう見られているかがわかれば、私の言っている意味も理解できると思います。

たとえば**「イタリア人は時間を守らない」「スペイン人は働かない」「中国人は朝令暮改」「インド人は平気でウソをつく」**。彼らはこうしたステレオタイプなイメージで見られてしまっています。イタリア人が全員時間にルーズなわけではないし、スペイン人もシエスタで寝てばかりいるわけではありません。首尾一貫した中国人、ウソをつかないインド人もたくさんいます。でもいったん悪いイメージがつくと、それを拭い去るのは容易ではありません。

世界の中でビジネスをするとき、私たちは日本人というだけで、下駄を履かせてもらっています。だからこのイメージをうまく取り入れ、ブランディングすべきです。

正直さをウリにする

ニューヨークに来たばかりの頃、私は自分が日本人であることを前面に押し出していました。日本人の**「オネスティ（正直さ）」**や**「真面目さ」「勤勉さ」**はよく知られていましたから、私も「嘘をつかない」「約束を守る」日本人だということを積極的にアピールしたのです。すぐ嘘をついたり、ごまかしたり、約束を守らなかったり、お金に汚い人は、なかなか信用されません。私は**日本人という武器**を使ってその逆をいこうと決めたのです。

外国人の中には、できもしない約束を平気でする人がいます。

激しい競争社会ですから、仕事をとるために「話を盛る」のです。

たとえば、どう考えても半年以上かかる案件を、「3カ月でできる」と堂々と言ったり。これは最初から完全に**ハッタリ**のときもあれば、やってみたら厳しかったということもあるようです。

こういう相手が仕事上のライバルになったとき、こちらは「6カ月かかる」と正直に言うべきかどうか。ここは悩みどころです。

私自身は自分にできることしか言わないし、正直であることが信頼関係を生むと考えていますが、相手が「3カ月でできる」とふっかけているのを黙って見ているほど、おとなしくはありません。どうしてもほしい案件なら、なぜ6カ月必要なのか、どういう工程がどれくらいあるか、詳しく説明し、そのうえで「レコード（記録）を調べてほしい」と言います。過去の実績を見れば、私が嘘を言っていないことはすぐにわかります。

私はこの「オネスティ」をブランドにしています。

「最初から守れる範囲で約束する」「守れない約束はしない」「嘘をつかない」「約束を守る」。これは長い目で見れば、間違いなくプラスに働き、これが自分のブランディングとして私を助けてくれているのです。

キャリア

第4章
Career

27

転職するなら年収アップを前提にする

Changing job equals better pay

日本で転職はネガティブにとらえられがちですが、アメリカでは違い、キャリアアップに転職は欠かせません。アメリカでは数年で会社を移る人が多く、**30歳前後で4～5社目**という人も少なくありません。

欧米では転職することでキャリアや経験値が増しますから、短期間で移るというのは、（それが前職よりもステップアップしているとき）明らかな成長の証です。

ちなみに自分から望んで転職するとき、給料は前職より上がることが前提です。職を失って再就職するのでない限り、横滑りで別の会社に移る意味はないからです。

就職・転職活動のステップは、日本と同じく書類選考からはじまり、履歴書（職務経歴書）作成は次のところに留意します。

1 個人情報

日本人の感覚からするとビックリするかもしれませんが、普通、**履歴書に写真は貼りません。**採用時に人種差別をすることが禁じられているからです。同様、先述しましたが、年齢や既婚・未婚の別、家族構成について書くこともありません。

2 フォーマット

フォーマットは自由で、タイプしたものを提出。日本のように、定型の履歴書に手書きということはありません。

履歴書は自分の価値をアピールする場ですから、ていねいに書き込みます。単に肩書きを並べるのではなく、「こんなプロジェクトを行いこれくらい成果が出た」「いくらの仕事を任され、自分が入ったことでこれくらい伸びた」と**具体的な数字をアピール**します。実績はより詳しく書いたほうがプライオリティが上がります。

3 職歴

履歴書はもちろん職歴も見られ、名のある会社で働いてきた人のほうが有利です。たとえば弁護士ならどこの法律事務所にいたか、ジュエリーデザイナーなら、ティファニーやヴァンクリーフにいたという人のほうが、そうでない人よりも有利です（**ブランド志向**はどこの国も同じです）。

4 リファレンス

転職の場合は、必ず**リファレンス**を取られます。

前に勤めていた会社に電話され、仕事ぶりを調べられるのです。職歴が5社あれば最低2社、人事部があれば人事部に、なければ当時を知る人に連絡が入ります。「○○さんはそちらの会社で○年から○年まで働いていましたが、どういう方でしたか？」「協調性はどうでしたか？」などを聞かれ、「すごくよかった」「しっかりした方です」などの返事が返ってこなければ、暗黙の了解で「問題アリ」と判断されます。

はっきりと「あの人は使えない」と否定する人はいませんが、ほめなかったり「わからない」「覚えていない」と言われたときは、**採用が難しくなることもあります。**

このように欧米のキャリアアップの考え方やアピール法は、日本と大きく異なりますので、謙虚すぎるとキャリアアップは難しくなってしまいます。ステップアップは転職を有利に進めることからスタートですので、まずは違いを知ることが重要です。

28

余計なことはしない

Focus on your own tasks

責任と権限はトレードオフ

日本の会社に就職すると、おそらく目にする機会がない**「ジョブ・ディスクリプション（職務記述書）」**。これはどこからどこまでが自分の仕事なのか、責任と権限の範囲が書かれた書類で、欧米ではこの範囲で仕事をします。

たとえばマネジャーとして雇われたら、「マネジャーの仕事はこれとこれとこれ」「この場合は上司に許可をとる」といったことがジョブ・ディスクリプションで細かく規定され、勝手にその範囲を逸脱してはいけないことになっています。反対に範囲外のことをやるよう求められても、**「それは私の仕事ではありません」**と断ります。このあたりははっきりしていて、これが契約上の権利となり、これで給与が決まります。

企業はジョブ・ディスクリプションに漏れや例外がないよう、できるだけ細かく業務内容を書き込みます。そうしないと意図した働きが望めないからです。結果、ジョブ・ディスクリプションは**分厚い紙の束**になることが少なくありません。

日本の会社が、上司や先輩から「これお願い」と言われても断れなかったり、雑務やサービス残業を融通し合うのは、仕事の範囲が明確に決まっていないからです。

誰がどの仕事に対して責任を持っているかわからないと、ミスが起きたとき、結局誰も責任をとらないことがある。だから欧米の企業では、ジョブ・ディスクリプションによって**「この仕事をまっとうするのはこの人」**とあらかじめ決まっているのです。

そのため何か問題が起きたとき、誰も責任を問われないという事態は起こりません。その代わり、その仕事をまっとうするために必要なことは、たいていその人の権限で決められ、成果もその人のものになる。**「責任と権限はトレードオフ」**というわけです。

ただ競争社会のアメリカでも、「朝9時から夕方5時まで普通に働き、生活が安定していればそれでいい」という人もたくさんいます。それはそれでその人の自由。こうした場合は、**与えられたギャランティの中で与えられた仕事の責任を果たす限り、誰も文句を言いません。**そんな多様性を認めるのもアメリカです。

仕事は一から教えてくれない!?

契約によって仕事の内容が決まっているので、日本企業のように、**入社後に業務を一から教えることもありません。**本人のキャパシティを超える契約を結んで損をするのは会社なので、最初はその人にできる仕事しか与えないのが普通です。

ちなみにそれぞれの仕事の範囲が明確に決まっているため、**よかれと思って他人の仕事を手伝うと、場合によっては訴えられます**（仕事を奪うことになるからです）。

日本人の感覚からすると、他人の仕事を親切心から手伝ったら、評価の対象にこそなりそうですが、欧米人の感覚では、相手に断りもなくその仕事を「奪う」ことは許されません。これが**「セクショナリズム」**です。

たとえばレストランで、ウェイトレスがなかなか注文を取りに来ないとき、近くのウェイトレスを呼び止めると、「自分はここのセクションじゃない」と断られます。彼らにとっては、勝手に手伝って訴えられるより、最初から手伝わないほうがいいというわけです（本人から「手伝って」と頼まれたときは、その限りではありません）。

日本では横の連携をとらないことを「セクショナリズム」と言いますが、アメリカでは余計なことはあえてしないことで、仕事の重複を避け、責任を明確にする。

こうしたルールを知り、トラブルを避けることも大切です。

29

自分の給料は交渉で勝ち取る

Negotiate your salary

自分の給料が会社の給与体系によって自動的に決まるのが日本企業ですが、アメリカでは一般的に自分の給料は交渉で決まります。これは次のように行います。

1 給与交渉

転職の際も契約更新の際も、そのタイミングで「自分はこれとこれをするから、年俸はいくらほしい」と会社と交渉して、年俸が決まります。

ひかえめな日本人は**「給料はいくらでもいいです」「働いてみてから決めてください」**と言う人がいますが、これは**ダメ**です。自分に能力がないことを自ら宣伝しているようなものだからです。

外国企業の場合、ジョブ・ディスクリプションによって仕事の責任と権限の範囲が明確に決まっていますから、給料はその責任と権限に応じて変わります。大きな仕事を任せられればその分、給料は高くなり、任せられた仕事を完遂できなければ責任を問われます（たいていは**クビ**を宣告されます）。

ポジションと年俸はセットですので、ポジションを請け負うなら、そのポジションに見合った報酬をもらい、それなりの責任を負うことになります。

採用面接を通過して内定が出ると、まずは日本同様、**3カ月から6カ月は試用期間**で、その後、本採用になります。ただし試用期間中も解雇は自由であることが多いので、勤務態度に問題があれば「期間内にさようなら」ということもあり得ます。

新人の場合、見習い期間中は適性と能力から、どの仕事をどこまで任せられるかを見極められ、それによってジョブ・ディスクリプションが固まり、年俸が決まります。

そして試用期間が終わったら、「6カ月たったから、条件を見直してくれ」と**自分から催促**をする。常に交渉が基本です。

2 給与改定交渉

ほとんどの場合、**自分の給料は自分で「上げてくれ」と意思表示をしない限り上がりません。**日本企業と違って、長く会社に勤めたからといって、勝手に上がるわけでもありません。そして、「上げてくれ」と言う限りは、それなりの理由が必要です。

たとえば「販売員」からスタートして、「売り場のチーフ」になり、「店舗のマネジャー」になり、「エリアを統括するマネジャー」になれば、責任と権限の範囲が広がるので、これに応じて給料も上がります。ポジションによって給料が違うため、そのポジションを実力によって勝ち取っていくというわかりやすいシステムです。

ただ給与はあくまで交渉ですから、**「10万ドルほしい！」**と言ったからといって、会社がすぐ「はい、わかりました」と言うわけではありません。経営者がそのポジションに6万ドルの価値しかないと思えば、そこから先は交渉です。「この報酬ではそこまでの責任は負えないから、この仕事は他へ回してほしい」「いや、そこはあなたの責任の範囲だ。その代わり、この売上を伸ばしてくれたら、歩合制の成果報酬をつけよう」などと交渉するわけです。ちなみに、**交渉によって年俸が下がることはほとんどありません。下がるときはクビだからです。**

年功序列型の日本企業の賃金体系の場合、**若いときは給料が安くても、我慢していればきっと後で報われる**という発想になりがちですが、ポジションと年俸がセットの欧米企業では、そのポジションにふさわしい金額をその年にもらい、それを翌年以降に持ち越すことはありません。**自分がいつまでその会社にいるかわからないし、会社**

が将来なくなるかもしれないからです。

交渉は3割増しからスタート

日本人はこうしたお金の交渉を「はしたない」と思ったり、「タブー視」したりしますが、**お金の話をすることは決してタブーではありません。**きちんと話し合えば齟《そ》齬《ご》が生じませんし、トラブルも起きにくい。「10万ドルほしい」「いや5万ドルだ」「じゃあ、間をとって7・5万ドルで」という話し合いは、ごく普通のことなのです。

年俸交渉は、希望の3割増しからスタートするのが一般的です。

最終的な落としどころを5万ドルにしたいなら、「6・5万ドルほしい」と言って交渉する。中国人は5割増しといいますが、あまりふっかけすぎても自分の能力とポジションの差に苦しむことになるので、バランスを考えることも大切です。

ここまできちんと交渉するので、「もっともらえると思ったのに」といった誤解が生じる余地はありません。**納得できないなら別の会社を探せばいいだけです。**

30

「ジェネラリスト」より「スペシャリスト」がチャンスをつかむ

Become a specialist

海外では転職でキャリアアップを望むとき、**はっきりした目的意識でポジションをとりにいきます。**たとえばファッションのバイヤーになりたくて、ニューヨーク州立ファッション工科大学で学んだという人は、最初からバイヤーを狙ってアシスタントバイヤーに応募します。彼らは日本のように、まずは倉庫整理などの下積みからステップアップしようといった考えは持っていません。日本は**「ジェネラリスト」**が求められる一方、海外は**「スペシャリスト」**が求められるからです。

1 ジェネラリスト（日本の場合）

日本の場合、まず業界に入り込み、企業の中でさまざまな部署を経験します。先の例で言えば、バイヤーになりたくても、まずは「売り場」や「在庫管理」「商品企画」などの業務経験を積んだうえで、希望の部署に配属されます。

これはなんでもできるジェネラリストを育てるやり方です。

2 スペシャリスト（海外の場合）

欧米はスペシャリスト志向です。あれもこれもやらない代わりに、プロが求められ、誰にも負けない知識やノウハウを身につけた人が評価されます。

コンピュータオタクは四六時中コンピュータと向き合い、これがその人の武器になります。それ以外のことは、別にできなくてかまわない。プログラマーが経理やマーケティングやセールスの知識を持っていなくてもいいという考え方です。

スペシャリストとして成功も失敗も受け止める人がキャリアをつかむ

日本人と仕事をすると、**肩書きと権限が別**の場面によく遭遇します。

たとえば日本の百貨店のバイヤーは、バイイングする権限を持たず、会社がこれを判断します。一方、アメリカのバイヤーはスペシャリストですので、その場で「これを買う」と決めるとすぐ契約の話に入ります。なぜなら権限を持つスペシャリストは、その場で自分で決められる代わりに、失敗したらすべて自分の責任になるからです。**「成功したらキャリアアップ、失敗したらクビ」**。スペシャリストには残酷なほど「シンプルなルール」が貫かれています。

スピード勝負の時代、最近海外では、パートナー企業を日本から中国、韓国系企業に乗り換える傾向があります。なぜなら彼らは**大型案件もその場で即決**だからです。

「スペシャリスト」と「ジェネラリスト」。

どちらにもいい面があるため、どちらがいい悪いということではありません。

しかし日本に限らずどこでも活躍できる人を目指すなら、**世界の中ではスペシャリストが求められる**ことは、知っておいたほうがいいかもしれません。

「権限はほしいがコミットメントはしたくない」「責任は果たせないが、給料は上げてほしい」は世界の中では通らない。**そこではプロの力が問われます。**

31

上司、部下、同僚 360度の評価を気にする

Evaluate from every angle

アメリカでは仕事の評価を受けるとき**「360度評価」**が一般的です。

これは上司が部下を評価するのみならず、同僚や部下など、**上、横、下、360度全方向から評価を受けることで査定されるシステム**です。私も自社ではこれを採用しています。

一人の人を多面的に見ることで「上にはゴマをするけれど下には横柄な態度をとる人」「同僚を追い落とそうと画策する人」「部下の手柄を横取りする人」「上からの命令はあまり聞かないけれど、部下からの信頼は厚い人」など、さまざまな人物像が浮かび上がります。

査定のポイントは会社によって異なりますが、重要なのは**さまざまな立場の人から評価されること**です。上司へのおべっかとは関係なく、公平に査定されるのです。

この評価は本人にも知らされます。

もちろん誰が査定したかなどの、名前は伏せられるため、誰もが堂々と評価できるとともに、「上の人はこう見ている」「同僚・部下はこう見ている」ということがわかれば、次の行動に活かせます。

自分のことは自分ではわからないもので、他人から受けるこの査定で、**思ってもみなかった自分のよさ**に気づくこともありますし、逆に言われてはじめて**自分の悪い癖**に気づいて反省することもあります。

たとえば共産圏出身の人は権力やお金に弱く、上からの命令には絶対服従である一方、部下には冷たい傾向があるのですが、こうした結果を知らされると彼らは「部下に厳しすぎるのか」「面倒見が悪いのか」「コミュニケーションを怠っているのか」などといったことについて、上司や経営者と考えます。

ところ変われば、ここは習慣的な違いも出てきます。

評価をキャリアに活かす

360度評価では、自分だけが査定されるのではなく、自分も誰かを査定する役に回るので、これもまた学びになります。どんな人が評価され、どんな人がそうでないか。それを自分に置き換えれば、自身のパフォーマンスを向上させることに役立ちます。この評価方法は、全員が全員を評価し、結果も本人にオープンにする、とても**フェア**なやり方です。

どんな結果も参考に、自分を客観的に振り返るチャンスととらえ、いいところは伸ばし、悪いところは改善する。**評価を素直に聞く心があれば、人は必ず成長します。**

まずはどこが問題かわかることが大事。

問題点さえ把握できれば、そこを直せばいいだけです。悪いところがわからなければ、直しようがありませんし、悪いとすら思っていなければ、現状を変える気も起きません。問題を置き去りにしてしまうと、さらに悪化し、気づいたときには取り返しのつかないことになってしまう。これを避けるために、360度評価は実施されます。

日本の場合、上を見て仕事をしがちですが、特にアメリカではこの360度評価が標準ですので、**仕事をするときは上（上司）のみならず、下（部下）にも、横（同僚）にも気を配れる人が、キャリアアップを手にします。**

32

「根回し」より「結果」でキャリアを勝ち取る

Result is everything

日本や中国をはじめアジアでは、「肩書き」や、「社会的地位」が絶対という文化が存在します。こうしたところには、多かれ少なかれ**「根回し文化」**が存在し、これが上手で上司の覚えがいい人が評価を手にする、ということが起こり得ます。

一方、アメリカでは、個人的な好き嫌いは当然ありますが、これが数字の実績をはね返すほど強いかというと、決してそうはなりません。なぜなら彼らは**「フェア」**という言葉が大好きだからです。**「それはフェアなやり方だね」**というのは最高のほめ言葉ですし、**「フェアじゃない」**と批判されることはとてもマイナスなことです。

実力主義を意識する

アメリカは完全な実力社会で、キャリアは結果をもとにフェアに査定されることから、彼らは自分の実績も、自分がやりたいことも、臆せず堂々とアピールします。

「真面目に仕事をしていれば誰か見てくれているだろう」はアメリカでは通用しませ

ん。「私はこのプロジェクトを成功に導いた」「売上アップに10％貢献した」「だからこうしてほしい」と自身でアピールしてはじめて評価対象となります。

だからキャリアを手にしたいなら、ライバルたちがアピール合戦を繰り広げているとき、自分だけ黙っていてもまったく意味がありません。

必要なのは、特定の人に取り入ることではなく、誰もが認めざるを得ないような実績を出し、それを自身でアピールすること。自分が１００売って、ライバルが50売ったなら、１００売ったことを正々堂々とアピールして評価を得る。フェアが好きなアメリカでは、そこに「根回し」や「おべっか」はいりません。

部下の手柄を取ると訴えられる？

日本では、部下の手柄を自分の手柄のように語る上司もいるようですが、訴訟社会のアメリカでは、手柄の横取りも度が過ぎると訴えられます。

厳しい競争社会なので、アピール合戦はあるし、**「嫉妬」**や社内を分割する**「派閥」**

のつばぜり合いも存在します。これは日本よりも激しく、どちらにも属さない中立派は、態度がはっきりしないという理由で嫌われることもあります。こうした**社内政治に嫌気がさして会社を辞める人もいないわけではありません。**

ただアメリカ人は、ジェラシーはあっても、そこから足の引っ張り合いにいくというよりは、むしろ「負けて悔しいから頑張る」「もっと自分も頑張ろう」と、**嫉妬をプラスに転化するのが上手**な気がします。

アメリカでは想像以上に、出る杭はもっと出るよう引っ張ってもらえます。

ライバルも、自分たちも、出るために切磋琢磨する。

ある意味**とても単純な世界**です。

アピール下手な私たちは、成果よりも根回しに、より多くの時間と気力を使うことがありますが、世界で活躍できるエグゼクティブを目指すなら、力を入れるべきところは今後、そこではないかもしれません。

33

クビになった人ほど転職で有利!?

Being laid off can be an advantage

アメリカでは、パフォーマンスが悪ければ即解雇が基本です。

雇用契約書に契約期間が明記されていれば、原則それに従い、期間中でも解雇できると書いてあれば、基本いつでも解雇できます。

そしてクビになると、次のようなことが起こります。

1 ポジションにある人の場合

期間に特に定めがないときは、クビになった瞬間に「さようなら」で、**ロックアウト**（締め出し）です。機密性の高い会社では、クビを言い渡されると同時に、段ボール箱を渡され、私物をその中に放り込んだら即退場、というまるで映画のワンシーンのようなこともよくあります。

重要な任務についている人ほど、クビのときはスパンと切られます。

引き継ぎもさせられません。大切なデータや顧客を持っていかれてしまうからです。

私も解雇するときは、その日のうちに帰っていただくようにしています。

なぜならデータを盗まれたり、嫌がらせを受けるのがイヤだからです。

メールアドレスは取り上げますし、社内ネットワークにアクセスするための**パスワード**も、その日のうちに全部変えます。

ただ自分から退職する場合は別として、会社が解雇するときは、あくまで「パフォーマンスの問題」であって、単純に「コミットした数字を達成できなかったから」が理由であることが少なくありません。そうなると単にジョブのミスマッチングが原因ですから、解雇を言い渡してもクビになったほうは**「そうですか」**とさっぱりした顔で去っていきます。

退職金は働いた期間にもよりますが、日本企業の退職金ほど期待できないので、これを受け取るために我慢を続ける人は少なく、どんどん次の舞台に移っていきます。

2　一般の人の場合

ポジションの低い人はその場でクビを宣告されず、1週間ぐらいの余裕をもって仕事の引き継ぎをさせられます。

これはその間に**「早く次の仕事を探してください」**ということであり、**「1週間分**

の給料は払うから、引き継ぎだけはしてほしい」ということでもあります。

アメリカでは、「辞めて」と言われた瞬間から、もうその仕事に身が入らないと考えられているため、引き継ぎ期間は長くても1、2週間です。一方、日本企業では数カ月間の引き継ぎ期間を経てからの退職もあると聞き、そんなに長いとパフォーマンスに悪影響が及ばないか、心配になってしまいます。

クビはマイナスではない？

アメリカでは、解雇は珍しいことではないので、解雇された人がひょいと会社に遊びにくることもよくあります。アメリカ人はクビになっても落ち込まないのです。

これは野球のメジャーリーグやサッカー選手が、成績が悪ければすぐ放出される一方で、すぐまた別のチームに再就職を果たし、そこで再び活躍するのと同じかもしれません（もちろんそのまま引退という選手もいますが）。

だからクビは、必要以上に怖がることではなく、また**前の仕事で失敗してクビに**

なっても、再就職するとき必ずしもマイナス評価になるわけでもありません。

たとえば起業したのにうまくいかなかったとか、新規事業を任されたのに軌道にのせられなかったという失敗なら、同じ失敗でもむしろ高く評価されます。

リスクをとってチャレンジした人は、たとえ失敗しても評価する風土がアメリカにはあるからです。

「1回失敗した人は、同じミスを繰り返さない」→「失敗したところをケアするから、スタートラインが人より一歩先になる」→「その分、次は成功する可能性が高くなる」と、転職市場では人気があるくらいです。

クビになると面接のとき、前回の失敗の原因を根掘り葉掘り聞かれますが、そこできちんと自己分析ができ、解決策が提示できれば、失敗の経験は決してマイナスではなく、キャリアの面からもそれを恐れる理由はまったくありません。

怖がらずに挑戦する人のほうが、世界の中ではキャリアアップできるのです。

コミュニケーション

第5章

Communication

34

とにかく伝える
とにかく話す

Talk Talk Talk!

34　とにかく伝える とにかく話す

コミュニケーションは本来、自分を理解してもらうとともに、相手を理解するためのものですから、**コミュニケーションをとらないということは、相手の存在を否定する（あるいは拒否する）ことになるため欠かせません。**

万が一、自分がコミュニケーションを避けることで、相手が「理解する気がない」と思ったとしたら、相手も自分を「理解する必要がない」と思うことは避けられません。「ギブ&テイク」がルールですから、**自分のことはわかってほしい一方で、相手にまったく興味がない、は通用しない**からです。

海外でコミュニケーションが苦手な日本人は、大きく次の二つに分かれます。

1　言葉の問題でコミュニケーションを避ける

英語などの言語が苦手で、話したくてもネイティブの会話のペースについていけず、結果として**無口**になってしまう人です。

実際、こういう人は少なくありませんが、私自身はまったく気にしませんでした。

私は日本生まれの日本人で、アメリカ生まれでもなんでもない。

だから英語がうまく話せないのは当たり前。日本に来たアメリカ人が日本語を話せなくても、**カタコトの日本語**で一生懸命伝えようとしている姿を見れば、誰だってバカにしないし、手を差し伸べたくなる。それと同じだと思ったのです。

幸い、私たちは見た目で英語ネイティブでないことはわかるので、少しくらい英語が下手でも相手にされないことはありませんし、「伝えたい」という気持ちがあれば、たいていのことは伝わります。

だから私はアメリカに来たばかりの頃から、堂々と**「カタカナ英語」**を話しました。そのほうがかえって**「キュート」**だとさえ思っていました。

あるいはみんなが最後に「グッバイ」と言っているときも、わざと「サヨナラ」と日本語で言って気を引いたり。すると「Oh, what does that mean?（どんな意味？）」と聞かれるので、「That means good-bye, Japanese.（日本語でグッバイの意味よ）」と伝えれば、自分を印象づけられます。

英語の発音が苦手という人も、まったく気にする必要はありません。「あいうえお」で育った私たちが「R」と「L」の発音をネイティブ並みに発音し分けることは不可能ですから、堂々と**ジャパニーズイングリッシュ**を話せばいいのです。

ニューヨークにいるとわかりますが、世界にはたくさんの「英語」があります。**「イギリス人が話す英語」「イタリア人が話す英語」「ドイツ人が話す英語」**、これらはみんな違います。英語ネイティブ同士でも、**「インド人が話す英語」**と**「フィリピン人が話す英語」**は日本の方言並みに違いますから、日本人がジャパニーズイングリッシュを話すことは、恥ずかしいことでもなんでもないのです。

相手の話すスピードが速すぎてついていけないというときは、「もう一度お願いします」と聞き直せばＯＫです。

わからないことは「わからない」とはっきり言う。

わからないのに曖昧にうなずいたりすると、トラブルになったり、「この人には通じてないな」と見透かされ、会話から置いていかれます。

ボキャブラリーが足りなくて自分の意図が伝わらないという人は、簡単な単語で言い換えたり、紙に絵や文字を描いて説明したり、身振り手振りを交えたりして、とにかく相手にわかってもらう努力をすればＯＫです。

2 会話に興味がない

日本にいても無口な人は、外国に行っても饒舌《じょうぜつ》にはなりません。こういう人はもともとコミュニケーションを欲していない人だからです。

でも、人間関係はコミュニケーションで築かれます。

だからまずは会話に参加すること、そして顔を覚えてもらうことです。

話もしないで仲良くなることなどできません。

ただコミュニケーションといっても、実際に会って話すだけでなく、**「電話」**や**「メール」「オンラインチャット」**などで図る方法もあります。だからどうしても話すことが苦手なら、これらのツールを使うという手も一案です。

メールを書けば自分の考えもまとまるし、自分のペースで「対話」を進めることもできます。**普段は無口なのに、オンラインではおしゃべり**な人も少なくありませんから、まずは自分に合ったやり方を見つけ、とにかくコミュニケーションを図る努力をすることです。

35

雑談もほめから入る

Give compliments even in small talk

欧米のエグゼクティブの会話で特徴的なのは、それが雑談であっても、とにかく肯定から入ることです。絶対的に「**ノー**」より「**イエス**」。それで相手をその気にさせるのです。

何か質問すれば「**それはいい質問ですね**」、意見を言えば「**それはいいアイデアだ**」、新しいスーツを着ていけば「**すごく似合うね**」。ちょっとしたことでも肯定から入ることで、その場を明るくし、気分を盛り上げます。彼らはいい気の流れがいい結果を生むことを、経験的に知っているのです。

人は否定されるとエネルギーレベルが落ちてしまいます。そうなると物事は悪いほうへ悪いほうへと流れていく。だから**ネガティブ思考**よりも、**ポジティブ思考**。**悲観**よりも**楽観的**な見通しを示すことで、意識的にいい結果を呼び寄せます。

とにかくほめる！

彼らは相手のいいところを見つけ、ほめるのも上手です。

それもあえて人前でほめるなど、相手のモチベーションを上げる術に長けています。

「今回の案件は、彼のおかげでうまくまとまった」「この仕事は、彼女のアイデアが元になっています」と大勢の前で発表すれば、相手のモチベーションは急上昇です。

彼らはまた細やかに仲間を観察し、髪型や服装をほめます。これは**「私はあなたに関心があります」**というアピールでもあり、さらに気持ちを引き上げます。

一方、以心伝心の日本人は「そんなこといちいち言わなくてもわかるだろう」という美意識で育っているので、こうした言葉をあまり口にしません。でも世界の中ではこれは理解されにくいかもしれません。口に出して言わなければ相手には絶対に伝わらない。だから相手をよく見て、いいところは積極的にほめることが大事です。

ちなみにアメリカでは、部下が上司をほめることもよくあります。

たとえば**「あなた（部長）のこういうところを見習いたいです」「あなたのようになりたいです」「あなたと一緒に仕事をできるのが誇りです」**など。

これも日本人はあまりしませんが、ぜひ見習いたい習慣です。

上司へのリスペクトを伝えると、上司からのプロモーションを受けられる。

他人からプロモートされる人になれれば、可能性はどんどん拓けるのです。

叱るときのひと工夫

一方、どうしても注意しなければいけないときも、彼らは言い方を工夫します。

ダメなところはしっかり指摘して改善をうながす一方、**よかったところはきちんとほめる。**たとえばこんな感じです（ちなみに叱るときは、**人前でなく「一対一」が鉄則**）。

「あなたのこの部分は、こういう理由でよくない。実際、成績も上がっていません。だから別の部署に移っていただきます。でも、あなたにはこういう素晴らしい面があるから、そこを伸ばせば、もっとよくなると信じています。だから次の部署でそれを勉強してもらいたいと思っています」（ほめるところがまったくない人などいません。そういう人は、とっくにクビになっているからです）

「ほめる」と「叱る」、この二つをセットで伝えると、相手のやる気を削ぐことなく、次に向かわせることができるのです。

36

断るときははっきり「ノー」を言う

Say NO!

コミュニケーションはこのように肯定から入るのが基本ですが、だからといってエグゼクティブは**「ノー」**と言わないわけではありません。

相手の意見や提案に反対なら、はっきり「ノー」と言う。

でもなぜ「ノー」なのか、理由をきちんと伝えます。

「相手を乗せ、その場の雰囲気を盛り上げたほうがいい場合」と、「はっきり断ったほうがいい場合」とでは、対応はまったく異なります。

相手の提案を断るときは、はっきり「ノー」と言わないと、同意したものとみなされます。日本人はこれが苦手ですが、**「イヤなことはイヤ」「いらないものはいらない」**とはっきり断り、でも同時にセットで理由を伝えると、相手は納得しやすくなります。

最悪なのは、どっちつかずの曖昧な返事をすることです。

質問をはぐらかしたり、はっきりした意思表示を避けたりするのはトラブルのもと。あとで「言った」「言わない」の**水掛け論**に陥ったり、最悪の場合、**訴訟**に発展することもありますから、「イエス」なのか「ノー」なのか、白黒ははっきり伝えるべきで、重要な案件なら**メールなどに残す**ことも必要です。

ダメならダメな理由を添える

面と向かって「ノー」と言わない文化で育った日本人には信じられないかもしれませんが、相手の提案を断ること自体、海外ではなんの問題もありません。

たとえば異性に食事に誘われたときも、行くつもりがなければ、はっきり**「私はあなたと合わないと思う」**と言うほうが、後腐れがなくていいくらいです。

日本だと、相手を傷つけないようオブラートに包んで、**「今日は先約があって……」「仕事が忙しくて……」**などとやんわり断るのが美徳とされますが、外国人相手にそれを言うと、**「じゃあ、明日は?」「週末は?」**などと迫られます。

その気がないなら、最初からはっきり断ったほうがいいのです。

誘いを断ったとしても、それで職場の人間関係にヒビが入ることはありません。

相手も人間ですから、気のある相手に断られていい気はしないでしょうが、それを恨んで職場でいじめたりすれば、セクハラ、パワハラで訴えられる可能性がありますから、表立って騒ぎ立てられることもありません。

仕事も同じです。

相手の提案を断るときに、「タイミングが悪くて……」「上司がうんと言わないんです……」などと、理由をはっきり伝えない回答は、かえって問題をややこしくします。なぜ提案を採用できなかったのか。「料金が高すぎる」のか、「納期が遅すぎる」のか、「別の会社のオファーが条件がよかった」のか、理由をはっきり伝えれば相手も次に活かせます（場合によっては、前回よりもいい提案をしてくれるかもしれません）。

ちなみに一度断ったからといって、次の仕事は受けないなどということもまずありません。日本だと長年の付き合いを反故《ほご》にすると、「あの会社とは二度と取引するな」と言われることもありますが、海外は義理人情よりもお金の世界ですから、条件さえ整えば、またオファーしてくれます。**実にあっけらかんとしたものです。**

「ノー」と言われても必要以上に気にしない

自分が「ノー」と言われる側になったときも、その事実以上に深刻に受け止める必要はありません。

相手は単純に〝今回に限っては提案に「ノー」〟だったにすぎませんし、能力や実績を否定されたわけでも、人格を否定されたわけでもありません。

次は「イエス」と言わせるよう、新しい提案を練ればいいだけです。

特に海外では、**相手の「ノー」を必要以上に怖がることはない**のです。

37

「謙虚」は「悪」と考える

Don't be humble

37 「謙虚」は「悪」と考える

日本で謙虚は美徳とされていますが、アメリカで謙虚さがプラスになることは、まずありません。

「謙虚でなければ人としてみっともない」「美しくない」と思う心が染みついている日本人にとって、アメリカ人や中国人のように激しく自己主張するコミュニケーションは、心理的に抵抗があるかもしれませんが、激しい競争社会でアメリカ人や中国人たちと伍《ご》していくには、彼らに合わせて自己アピールをする必要があります。

日本では**相手に対する敬意（尊敬）**と、**自分がへりくだること（謙譲）**はセットですが、欧米ではこの二つはまったく**別物**です。相手をリスペクトしつつ、自分の長所をアピールしても、まったく矛盾はありません。これは〝そういうもの〟として覚え、「郷に入ったら郷に従う」のが正解です。

アメリカ人が自信を持って自分をアピールするのは、教育のおかげかもしれません。たとえばアメリカでは、数学のテストは0点でも、走るのが速ければ「あなたは走るのが速い」と先生がみんなの前でほめます。学校の勉強が得意でなくても、ブレークダンスがすごく上手とか、ヒップホップを踊らせたら右に出るものがいないなら、そこをみんなで認めてほめる。だから本人も「私はこれができる！」と堂々と主張します。

でも本人が「できる」と言うから任せてみると、アメリカ人は実は思ったほどできないこともよくあります。日本人からすると「それは〝できる〟レベルじゃないじゃない（笑）」と感じることもありますが、それでも彼らは自信を持って「できる」と言う。これも〝そういう文化〟で育ったからです。

日本の教育はマイナスを直す文化で、できないところを直して、みんなと同じにします。試験でも英語も国語も歴史も一定の点数を超えないと大学に入学できない日本では、突出した人というよりも、**平均的でバランスのいい、悪目立ちしない人**が育つような気がします。

一方、アメリカは、ダメなところは目をつぶって、いいところにフォーカスするので、**特定の分野で突出した才能を持ったスペシャリスト**が多く育ちます。たとえば音楽でいえば、日本の学校では周囲と同調することが第一ですので、コーラスや合奏は上手でも、ソリストが育ちにくい。でもアメリカでは学校教育を飛び越えて小さい頃から第一線で活躍する**マイケル・ジャクソン**のような人が生まれます。

このように世界では、少しでも「できる」と思ったら、はっきり**「私はできる」「それをやりたい」**と口に出す人たちが相手ですから、その中でできることをあえて言わずにいたり、「できないこともないですけど……」などと**ひかえめな自己主張**をしても、いいことは一つもありません。「やりたい」と口に出さずに黙っていたら、仕事など永遠に手に入りません。

ひかえめな日本人は「あれは私がやりました」とアピールするのも苦手ですが、自分でアピールしなければ、誰もアピールしてくれません。

仕事がほしければ**「私はできる」とアピールする**こと。
やった仕事については**「私がやった」とアピールする**こと。
それではじめてスタートラインに立てます。
アピール不足で能力が発揮できないなんて、もったいない話です。
自分の能力と実績をしっかり伝えること。ビジネスに謙虚さは不要です。

38

「おなら」OK 「ゲップ」NG

Pass gas but don't burp

多様な「考え」「好み」「目的」を持つ人たちが1カ所に集まって、それぞれの価値観で行動すればトラブルが絶えません。それを避けるために、集団で行動するときは一定のルールを守ろう、というのが**「マナー」**です。

だからこそマナーは国によって違い、そこには他人を不愉快な気持ちにさせず、お互いに気持ちよくコミュニケーションをするための先人の知恵が詰まっています。

たとえば日本で、おそばをズルズルと音を立てながら食べるのは、マナー違反ではありませんが、アメリカのレストランでパスタをズルズルと食べるのはマナー違反です。アメリカでは特に、**音を立てて食べることはNG**です。ただ、日本人には不思議に感じますが、食事中でも**「ゲップ」も絶対にダメ**です。

「おなら」は許されます（笑）。我慢できないときは「エクスキューズ・ミー」と言って「プッ」とします。でもゲップはダメ。とにかくダメ。そういう文化なのです。

ただそんなアメリカは、実は一番マナーにうるさくない国です。

敬語はないし、人間関係はフラット、誰とでもすぐ仲良くなる。気をつけるべきポイントは限られているので、コミュニケーションの注意点は少ないはずです。

お辞儀は「トゥー・マッチ」

日本のビジネスシーンに欠かせないコミュニケーションが「お辞儀」ですが、日本人には当たり前のお辞儀も、**外国人はときに不快**に感じるようです。

日本では挨拶とお辞儀はセットでも、欧米では相手の目を見てニッコリ微笑み、握手をすることでコミュニケーションを図るからです。

頭を下げられたことなんてないのに、急に目線をそらされ、お辞儀をされると、彼らは**「何か悪いことをしたかもしれない」**と恐れ、不快感を感じるようです。だから海外では「相手の目を見て握手する」欧米流で通すのがおすすめです。

ちなみにインドでは、身分の高い人に会うと、一般的にはひざまずいてその人の足を触りますが、私たちのような外国人の場合、彼らは「やらなくていい」と言います。マナーといっても、相手が**「トゥー・マッチ（too much）」**と感じることをやったりやらせたりすると、マナーが持つ本来の目的から外れてしまうからです。

39

上司はファーストネームで呼ぶ

Call your boss by their first name

オフィスで上司を呼ぶとき、日本なら「役職名」か「さん」づけが一般的ですが、アメリカ人は、フランクに相手の年齢や役職にかかわらず、**「ハーイ、トム」**など**ファーストネームで呼び合うのが一般的**です。

上司であっても、取引先の偉い人であっても、親しみを込めてファーストネームで呼ぶ。初対面で挨拶をしたときに「Call me Steve.（スティーブと呼んでくれ）」と言われたら、次からは「ハーイ、スティーブ」と呼んでまったく問題ありません。

このとき逆に日本の習慣で、毎回「ミスター◯◯／ミズ◯◯」のように苗字で呼んでしまうと、かえって慇懃無礼《いんぎんぶれい》な印象を与え、相手との距離が縮まりません。呼び方に関しても「郷に入っては郷に従え」で、**相手のルールに合わせる**ことが大切です。

アメリカ人と話していて感心するのは、自分が名乗ったときや誰かに紹介してもらったとき、こちらの名前をパッと覚えることです。久しぶりの再会で、こちらは相手の名前をすっかり忘れていても、向こうは覚えていることが少なくありません。

アメリカ人はとにかく人の名前を覚えるのが早いです。ホームパーティの文化があるからなのか、彼らは小さい頃から、一度にたくさんの人の名前をその場で覚えることに長けています。挨拶したら必ず自分の名前を言うし、相手の名前を聞いたらすぐに覚えます。2回目に会ったときも、たいてい名前で呼んでくれます。そのときこちらが相手の名前を覚えていないと、会話がスムーズにはじまりません。

実は私は名前を覚えるのが苦手で、長い名前だったりすると、聞いたとたんに忘れてしまい、「誰だったかな、この人」ということがよくあります。そうすると、すぐに「じゃあね」となってこちらの名前も覚えてもらえません。

逆に「ハーイ」と挨拶したあと、すぐに相手の名前で呼びかけると、相手も「ちゃんと覚えている」とわかるので、扱いが変わります。

名前どころか「社長」「部長」と肩書きで呼ぶことも多い日本人は、よほど意識して覚えないと、相手の名前をすぐに忘れてしまいます。

外国人の名前はどうやって覚えるか？

では、どうやって覚えるか。

覚え方のコツは、単純ですが、**名前を何度も何度も会話に出すこと**です。**「はじめまして、トム」**（Nice to meet you, Tom.）、**「それはいいわね、トム」**（Sounds good Tom.）、**「さようなら、トム」**（Goodbye, Tom.）など。常に相手の名前をつけて話すクセをつければ、覚えやすくなります（試してみてください）。

一方、ファーストネームではなく、**ニックネーム**で呼んでほしいという人もたくさんいます。**ビル・ゲイツ**や、**ビル・クリントン**など、短縮形の通り名（ニックネーム）が公式に使われるケースも多くあります。

ニックネームは、たとえば「デイヴィス」が「デイヴ」、「ジェイムズ」が「ジム」や「ジミー」くらいならわかりやすいのですが、**「リチャード」**が**「ディック」**に、**「ロバート」**が**「ボブ」**や**「ボビー」**に、**「エリザベス」**が**「ベス」**や**「リズ」**に、**「マーガレット」**が**「メグ」**や**「ペギー」**になることもあり、**こうなるとお手上げ**です（笑）。

こういう場合は顔と名前が一致するよう、メモを取ったり、もらった名刺には必ず相手のニックネームを書き込むなど、自分なりの工夫が必要です。

余暇

第６章
Life

40

心を整える

Balance your soul

最

終章は「余暇」です。ビジネスで大事なのは、**パッションを維持**し、**いいエネルギーを出し続ける**こと。だからこの状態をキープし、人も仕事もお金も手に入れてほしいと思います。

仕事で成功するには、誰にも負けない熱い思い（パッション）が不可欠です。ところが、このパッションは持ち続けることが容易ではありません。どんなに熱く夢を語っても、不運が続くと、途中で心が折れてしまいます。

ビジネスというのは、人との戦いではなく自分との戦いです。

仕事をしていれば、思い通りにいかないこと、イヤなこと、おもしろくないこと、逃げ出したくなるようなことがたくさんあります。上司と合わなければ会社を辞めたくなるし、退屈な仕事、つまらない仕事しかなければ、やる気をなくします。

ビジネスで私が一番恐れているのは、**「もういいや」**と思ってしまうことです。どうでもいいと思ったら、きっともう二度と、やる気は戻ってこない。大きな仕事をやり遂げるには、パッションを持ち続けることが欠かせないのです。

気分が乗っているときも、不調なときも変わらずにパッションを持ち続けるには、**自分の気持ちを自分で完全にコントロール**できなければいけません。だからこそ、ビジネスパーソンは休日を使って自身をリセットし、心を整えることが必要です。

ちなみにいくら能力があっても、周囲の人から「あの人と一緒にいるのはイヤだ」と思われると、ビジネスチャンスは遠のきます。

不平や不満ばかり言っている人のところに、人は寄りつきません。

そばにいてもつまらないし、とばっちりで自分が文句を言われるかもしれません。「自分だっておもしろくないのに、なぜこの人のつまらない話を聞かなければいけないのか」と思われると、周囲からどんどん人がいなくなります。

そうならないためにも、私たちは常に心を平穏に保っておく必要があるのです。

人には調子のいいときもあれば、悪いときもあります。

調子のいいときは誰だって笑顔になりますし、あえて演技をしなくても、一緒にいて気持ちのいい人間になれます。

大事なのはむしろ調子の悪いときです。

不機嫌な感情をそのまま他人にぶつけ、これを繰り返していると、知らず知らずのうちに、人は離れていってしまいます。

幸せでない人の特徴は、不満を抱いていることです。**「なんで私がこんなことをしなければいけないの」「なぜこんな人と一緒にいなければいけないの」「私のいるべきところはここじゃない」**……。本当は恵まれているのにそこに思いが至らない。こんなときは視野が狭くなっている証拠です。そうなったら次の方法がおすすめです。

1 カウンセリングを受ける

心を平穏に保つには、**カウンセラー**の手を借りるのも一案です。

アメリカ人は自分の考え方がまとまらないというだけでもカウンセリングを受けにいくくらい、カウンセリングは身近です。

離婚したとき、自分たちだけでは子どものケアができないと思えば、子どもにもカウンセリングを受けさせます。スペシャリストを使うことについて、彼らは抵抗がありません。**プロの手を借りて心を整えるというのは、とても一般的な方法です。**

2　メンターを持つ

心の拠り所となるようなメンターを持つこともおすすめです。

私のメンターは、日本では日野原重明先生です。

メンターには直接相談するというよりも、その人の生き方を見て**「自分もああなりたい」**と思うその気持ちが大切だと思っています。何歳になっても、いろいろなものに興味を持ち、前向きに生きて、人のために一生懸命力を尽くす。そんな先生の姿を見て、自分もパワーをもらうのです。

あわせて私の支えになっているのは、母親がくれた次の言葉です。「あなたは私が一生懸命育てたから、どんなことでもきっと乗り越えてくれると信じている」

思い通りにいかないとき、折れそうになった私の心を鼓舞してくれるのは、自分を信じてくれる**母親の存在**です。

41

瞑想する

Meditate

ビジネスは、心を平穏に保つと同時に、非常に高い**集中力**が求められます。一つのことにとことん没頭する。「自分以上にそのことについて考えている人はいない」というところまで深く考える。うんうん唸《うな》るところまで考え抜くと、あるとき突然、画期的なアイデアがわくことがあります。

仕事ができる人は、集中力がずば抜けています。

逆に、集中力のない人は、与えられた仕事を完成させるにも時間がかかるし、そこに自分なりの付加価値を加えることが少ないような気がします。

集中力を高めるためには、ヨガやメディテーション（瞑想）が有効だといわれています。禅から発展した**「マインドフルネス」**は、集中力を高める効果があるといわれており、ちょっとした合間に行ったり、研修で取り入れる企業も増えています。

瞑想の方法は人それぞれです。

坐禅《ざぜん》もあれば、寝ながら行う人もいます。とにかく呼吸を整え、意識を一点に集中することで、ひらめきが得られたり、力が出たりします。時間がある休日に瞑想を行うことで、**パワーを取り戻す**のです。

私は、日常生活の中でふと瞑想状態に入ることがあるようです。

誰かと話をしている最中でも、ふとした瞬間に、「**ギュッ**」と瞑想してしまう。

見ている人に言わせると、その瞬間、私の目はジッと動かなくなるそうです。

急に黙り込んで、話しかけても気づかない。

クルマの運転をしているときこの状態に入ると危ないと、さすがに注意されましたが、そういう瞬間が時々あるようなのです。


私は毎日1時間以上、ニューヨークの**セントラルパーク**を歩いていますが、このときも瞑想状態に入っています。

無心で歩いていると、どこかをきっかけに瞑想に入り、やがて一つのことにギューッと集中していきます。横断歩道で信号待ちしている瞬間に、急に入り込むこともあるようです。

瞑想をきっかけに、なにかひとつのことを集中して考えはじめると、周りの音が聞こえなくなります。昔はしょっちゅうありましたが、最近は回数が減りました。それでもあの感じは忘れられません。そしてそういうときにこそ、新しいビジネスの発想や、ずっと悩んでいたことの解決策が見えてきます。

ストレス解消のしかたは人それぞれ

私自身は、一人の時間をとても大切にしています。

「散歩している時間」「ベッドで一人で寝る前の時間」「メイクをしている時間」。

私はそうした時間にも瞑想状態に入ります。

「自分は何のために生きているのか」「自分に与えられた時間をどうやって生きていくのか」「自分の人生をどう過ごしていくのか」。瞑想の後、そこを突き詰めていくと、人生を楽しむツールとして、やはり仕事が欠かせないことが見えてきます。

逆にそう思わないと、特に調子がよくないときは「自分は楽しいことを犠牲にして働いている」というよこしまな考えが忍び寄ってきます。そう思うと力が出ない。

人間は常にポジティブでいられるわけではありません。

体調が悪いときほど、ネガティブシンキングの虜《とりこ》になる。

だから、落ち込んだときの自分なりの対処法を見つけるべきなのです。

ストレス解消のしかたは人それぞれ違って当たり前です。

他人と同じやり方をしたのでは解決できないことが多いので、これは自分で見つけるしかありません。


人間には**「弱い部分」**と**「強い部分」**があり、**「善」**と**「悪」**が同居しています。

すべてが善で成り立っているのは、マリア様やマザー・テレサのような人だけです。

そうはなれないのが人間のおもしろいところ。**「弱い自分」「悪い自分」**とどう向き合うかが、実は自分の価値を決めるのではないかと感じています。

日野原先生の言葉を借りると、命とは与えられた時間をどう生きるかだそうです。

自分に残された時間はあとどのくらいか。20年かもしれないし、50年かもしれない。

でも、あとどのくらい生きられるかは誰にもわからない。

だとしたら、目の前の一日一日を一生懸命生きるしかない。

いまこの瞬間を楽しんで味わい尽くすしかないのです。

そのためにも**瞑想で心を整え、毎日を精一杯生きることを目標にする**のです。

42

体を整える

Work out

心を整えると同時に体を整えることも、ビジネスパーソンに欠かせません。ジムに通って体を鍛えたり、好きなスポーツで汗を流したり。

アメリカ人は本当にエクササイズが大好きで、自分の身体や体調をコントロールすることに**「執念」**を燃やしています。

グローバルに展開する企業のエグゼクティブは、1年の半分以上を機上で過ごす人もいます。そこまでいくと、はっきりいって体力勝負です。普段はニューヨーク在住の私も、1年のうち、数カ月は海外にいます。ホテル住まいが長くなると、**体調管理も、ビジネスの重要な要素**です。

1　食事のコントロールをする

出張でホテルに泊まるとき、私はどんなに遅くても朝6時には起きて、まずジムに行きます。ひと汗流し、支度してから朝食をとっていると、10時近くになります。

そこで朝昼兼用のブランチをとり、昼食を抜きます。なぜかというと出張中は、たいてい夜に会食が入っているため、接待される側、する側、どちらになっても、夜はたくさん食べることが多いからです。これで朝昼晩の三食を全部食べていたら、**完全にカロリーオーバー。**食べすぎで体型も維持できないし、なにより体調を崩します。それではまともな商談はできませんから、私は**旅先では意識的に二食**に減らします。

出張中にかかわらずですが、接待の席では、自分が少ししか注文しないと、相手が遠慮したり「口に合わなかったのかな」と余計な心配をかけるので、特にこちらがお誘いするときは、たくさん食べるようにしています。みなさんも経験があると思いますが、こうした会食が続くと、普段より食事の量が増えがちなので、気をつける必要があるのです。

2 エクササイズをルーティンにする

体型について言及するとすぐに「差別」とみなされてしまうので、誰も表立って口にしませんが、**太っている人は確実に損をしています。**

特にアメリカ人ははっきりしていて、見るからに**メタボなエグゼクティブはほとんどいません。**太っていることは「裕福」ではなく、「貧しさ」を連想させます。

また自分の体重さえ管理できない人がなぜ会社が管理できるのかとも思われます。実際、マンハッタンを歩いていると、太っている人をまず見かけません。いるとしたら、明らかに観光客とわかる人。アメリカ人がエクササイズ好きなのは、**体型が出世と連動している**ことを、誰もが気づいているからです。アピアランス(外見)は、ここでも重要な意味を持ちます。

体調管理のジム通いは、気が向いたときに行っているのでは必ず面倒になるので、**習慣化するのが一番**です。毎日の生活に組み込むことで、ジムに行かないと物足りなさを感じたり、未消化のタスクが残って気持ち悪いという状態になるのが理想です。たとえば会社が9時にはじまるなら、毎朝7時にジムに行って1時間汗を流し、8時すぎにシャワーを浴びてスッキリした後、8時30分には会社近くのスタバに立ち寄ってカフェラテを買い、8時45分には会社に到着、といったように決めてしまう。

あるいは、毎日の通勤で自転車に乗る。往復で10キロも走れば、それなりの運動量です。

会社近くのジムをうまく利用して、ジムまで走って通い、そこでシャワーを浴び、スーツに着替えてから出社するという手もあります。

ニューヨーカーの**ランニング**好きは、強烈なものがあります。

マラソンは全身運動で一番お金もかからないし、外を走れば四季折々の自然を楽しみながら運動できるので、最も経済的かつ合理的なエクササイズかもしれません。

平日は**ジム**通い、休日は**サイクリング**で遠出という人もいます。**スイミング・バイク・ランニング**を組み合わせた**トライアスロン**も人気で、私の弁護士など、ハマってしまって、かえって身体を壊すのではないかと心配するくらいです。

43

スキルアップに投資する

Invest to improve skills

週末は家族と過ごすのが基本ですが、平日に**有給休暇**をとるときは、病気など、避けられないケースは別として、海外では多くが自分のために取得します。

有給休暇は働く人の権利ですから、フルに消化するのが当たり前。日本と違って有給休暇を使わずに余らせる人はほとんどいません。**海外には「有給休暇をとらないと偉い」という文化もありません。**使わなければ、むしろ「なぜ使わないのか」と驚かれます。というのは、多くの人がこの時間でスキルアップを図るからです。

彼らはこうした時間の多くを人脈づくりに使いますが、その他、次のようなことにも投資します。

1 基礎力のスキルアップ

たとえば、P／L（損益計算書）やB／S（貸借対照表）さえ読めないようではマネジャーにはなれませんし、基本的な戦略論さえ知らない人がマーケティング部門で働くのは困難です。専門技術がものをいう分野（たとえばグラフィックデザイナーやプログラマー）も、技術がなければただの人。こうした**スキルを余暇を使って身につけ、チャンスに備える**人は少なくありません。

2　大学に通う

アメリカでは、有給休暇を使って**大学に通ったり、資格をとる**こともよくあります。ハーバード大学にしても、コロンビア大学にしても、ニューヨーク大学にしても、ビジネスパーソンを対象にしたさまざまなセミナーが1年中開催されています。

たとえば、「中国における今後のビジネス戦略」「ファイナンスの最新理論」「ソーシャル時代のプロモーションのあり方」など、時流に合った実践的なプログラムがたくさん用意されています。エグゼクティブは3日間の短期集中コースなら、有給休暇を使って参加したり、より本格的に学びたいときは、1、2年仕事を休んで、ビジネススクールやロースクールに通う人もいます。

アメリカの大学は学部でも、「ネゴシエーション（交渉）」や「プレゼンテーション」

など、社会人として最低限必要な能力を身につけますので、大学院や社会人向けの公開セミナーでは、より専門的な内容を学びます。

サボり目的で有給休暇を使う人がいないとは言いませんが、周囲の人たちが向上心を持って取り組んでいるとき、自分だけラクして成功しようと思っても、たいていうまくいきません。**エグゼクティブは、常に自分への投資を怠らない**のです。

学びになることは全部経費扱い

ちなみにこうした費用は基本的に**自腹**ですが、移動のタクシー代を含めて、たいていは個人で税金を申告する際、経費として認められます。

たとえばデザイナーなら、**映画を観たり、美術館に行ったりするのも経費。**

インテリアデコレーターなら、勉強のために**ホテルのスイートルームに泊まったら、その宿泊料金も経費扱い**です。自分の勉強になること、仕事の役に立つことは、ほとんど経費計上が認められます（その分、税金が安くなります）。

アメリカでは日本と違ってサラリーマンでも「確定申告」が必要なので、自分で経費を計上しないと、税金をたくさん取られてしまいます。日本でもフリーランスの人たちが、行く先々で領収書をもらっていますが、それと同じことを会社勤めの人もする必要があるのです。

44

自分のための時間を買う

Buy time for yourself

オ**ン**と**オフ**の切り替えがはっきりしている欧米では、仕事に追われてばかりいる人は、あまり評価されません。仕事でしっかり実績を出すことはもちろん、**プライベートが充実してこそ、成功者とみなされる**からです。

日本では、「週末は父親が仕事か接待ゴルフ、母親は子どもと一緒にお出かけ」というパターンが多いようですが、アメリカでは、週末は家族と過ごすのが普通です。**「キャンプ」**に行ったり、**「サイクリング」**で汗を流したり、**「釣り」**に行ったり、**「泳ぎ」**に行ったり。平日はなかなか一緒に遊べない子どもとの時間を大切にします。

独身の人は**「趣味のクラブ」**に参加したり、**「エクササイズ」**をしたり、そしてももちろん**「恋人とデート」**したりして過ごします。また、取引先の人たちを呼んで**「ホームパーティ」**を開催することもよくあります。夏は**「バーベキュー」**が定番です。

プライベートの時間は、仕事を終えた後のアフター5か週末に限られます。

エグゼクティブほどよく働くアメリカでは、残業したり、仕事を持ち帰ったりすることもありますが、それでもこうしたプライベートの時間をゼロにしないよう、できる人ほどさまざまな工夫をしています。

たとえば勤務時間中は、時間当たりの**生産性を上げる**ことに専念します。ムダをできるだけ排除して効率を追求、雑談や休憩も短時間で切り上げ、その分、仕事を早く終えるよう集中します。そうして決まった時間に帰宅します。

エグゼクティブは積極的に**お金を払って時間を買う**ことでも自分の時間をつくります。彼らはよく**「代行サービス」**を使って、家事や育児の負担を軽減し、余暇の時間を確保します。仕事も大事、夫婦関係も大事、子どもも大事、家事も大事。でもだからといって、全部を完璧にこなそうと思うと、かえってどれも中途半端になってしまいます。体はひとつしかないし、1日は24時間、1週間は7日間しかありませんので当然です。そこでたとえば次のようなサービスを使います。

1 ベビーシッター

日本では、残業で夫婦ともに早く帰宅できないときに頼むイメージの強いベビーシッターですが、アメリカでは夫婦二人でパーティに参加したり、映画やミュージカルを観に行ったりするときの強い味方です。

アフター5は大人の時間。子どもの出る幕はありません。子どもを置いて心置きなく出かけるために、子育て夫婦はベビーシッターを頼むのです。そうやって、自分たちの時間をつくります（ただし、わずか数時間でも子どもだけを残して出かけると、アメリカでは**ネグレクト（育児放棄）**で逮捕される可能性があります）。

2 ハウスキーパー

たとえば自宅でホームパーティを開くとき、ケータリングサービスを利用すれば準備の時間が省けます。なんでも自分でこなそうとせず、必要なときにプロの手を借りるのは、生活のクオリティを維持すると同時に、自分の時間を確保するため。彼らはそのためなら、ハウスキーパーを雇うことも厭《いと》いません。

さらにエグゼクティブになると、**バトラー（執事）**を雇うこともあります。

伝統的なバトラーは、スケジュール管理や家事全般を切り盛りする私設秘書に近いもので、相談役として教養も求められます。

45

社会貢献活動をする

Contribute to society

エ

グゼクティブの中には、プライベートの時間を使って、**チャリティ活動**に従事する人もたくさんいます。お金を稼ぐことに貪欲なアメリカ人は、一方で、社会貢献活動をすることにも積極的です。

チャリティ活動は、人を助けているようで、実は自分が助けられているのではないかと思います。 世の中に感謝する気持ちが芽生え、自分自身のやりがいも、生きる意味も見つかる。それが自身のオーラとなって、まわりの人にもいい影響を与える。

「寄付」というと、災害大国日本では、「地震」や「台風」「洪水」などで被害が発生したとき、全国から集まるものというイメージですが、寄付が必要なのは、緊急事態に限りません。たとえば「虐待」を受けた子どもたちが入るための施設や、「白血病」や「腎臓病」「HIV」など、特定の疾患に苦しむ人たちを助けるボランティア団体への寄付など、さまざまなものがあります。

寄付やボランティア活動が活発なアメリカでは、何か問題があるところには、たいていそれを専門に扱うノンプロフィット・オーガニゼーション（NPO、民間非営利組織）があります。そういった団体の多くは、活動資金の大半を寄付に頼っていて、寄付が途切れると活動がストップしてしまいます。税収によって行政サービスに格差があるため、NPOが果たす役割が日本よりもはるかに大きいアメリカでは、彼らの活動がストップすると、大きな影響が出てしまいます。

チャリティをしないとリスペクトされない

アメリカでは夫婦共働きが当たり前で、いわゆる**完全な専業主婦はあまりいません。**妻が働いていないように見えても、NPOでチャリティ活動をしているとか、地域社会の中で何らかの貢献を果たしている人がほとんどです。

夫が会社を経営して、妻は給料はもらっていないけれどチャリティ活動に従事しているという組み合わせもよくあります。特に**アッパークラスの人たちは、チャリティ活動を何もしていないと、周囲から白い目で見られる**こともあります。

アメリカではある程度地位のある人は、基金を設立したり、慈善活動に寄付したりすることが社会的ステータスになっています。ビル&メリンダ・ゲイツ財団は日本でも有名ですが、全米には大小さまざまな基金があり、そのお金をさまざまなNPOや研究開発の支援に充てています。国連難民高等弁務官事務所（UNHCR）の親善大使を務める**アンジェリーナ・ジョリー**が人気なのは、女優として成功したからだけでなく、途上国から養子を受け入れたり、ボランティア活動に積極的だからです。

一方、世界最大のスーパーマーケットチェーン「ウォルマート」の創立者サム・ウォルトンと彼の後を継いだ人たちは、大金を儲けているにもかかわらず、ほとんどチャリティ活動をしないことで知られています。だから、あれだけ成功している経営者であるにもかかわらず、あまり人気がありません。

収入の問題で寄付はできなくても、体ひとつあれば余暇をボランティア活動に費やすことができます。チャリティイベントのとき会場設営を手伝ったり、案内係を務めたり、無償で運営サイドに加われば、それも立派な社会貢献です。

ビジネスパーソンとしてグローバル社会の中でそれなりの地位を築きたければ、なんらかの社会貢献活動をしたほうがいいと思います。

それはビジネスで成功してからに限りません。若いうちからやっていれば、周囲からのリスペクトにつながります。

お金儲けは大事ですが、そればかりしていると偏った人間になります。

そうなると仕事をしても楽しくないし、身体が仕事を欲しなくなってしまいます。

がんばって働いて、預金通帳のケタがひとつ増えたとしても、最初の頃はうれしくても、人はだんだんそれだけでは満足できなくなるのです。


私は動物を通して命の大切さを伝えるＮＰＯ団体の活動をしていますが、たとえ小さなことでも、余暇の時間を使って世の中の役に立つことをしていると思えることが、自分の価値につながり、それが自信につながっていると思っています。

「私はこのために働いている」

そう思えば力もわき、「もっとがんばろう」と思えます。

これがないと生きていけない。

私は社会に還元するためにも、がんばって稼いでいるのです。

基本は誰も教えてくれない
日本人のための
世界のビジネスルール

発行日 2015年2月20日 第1刷
2015年3月20日 第2刷

AUTHOR 青木恵子

BOOK DESIGN & DTP 中村勝紀（TOKYO LAND）

PUBLICATION 株式会社ディスカヴァー・トゥエンティワン
〒102-0093 東京都千代田区平河町2-16-1 平河町森タワー11F
TEL 03-3237-8321（代表）
FAX 03-3237-8323
http://www.d21.co.jp

PUBLISHER 干場弓子
EDITOR 石塚理恵子

MARKETING GROUP
STAFF 小田孝文 中澤泰宏 片平美恵子 吉澤道子 井筒浩 小関勝則 千葉潤子 飯田智樹 佐藤昌幸 谷口奈緒美 山中麻吏 西川なつか 古矢薫 伊藤利文 米山健一 原大士 郭迪 松原史与志 蛯原昇 中山大祐 林拓馬 安永智洋 鍋田匠伴 榊原僚 佐竹祐哉 塔下太朗 廣内悠理 安達情未 伊東佑真 梅本翔太 奥田千晶 田中姫菜 橋本莉奈

ASSISTANT STAFF 俵敬子 町田加奈子 丸山香織 小林里美 井澤徳子 橋詰悠子 藤井多穂子 藤井かおり 葛目美枝子 竹内恵子 熊谷芳美 清水有基栄 小松里絵 川井栄子 伊藤由美 伊藤香 阿部薫 松田惟吹 常徳すみ

OPERATION GROUP
STAFF 松尾幸政 田中亜紀 中村郁子 福永友紀 山﨑あゆみ 杉田彰子

PRODUCTIVE GROUP
STAFF 藤田浩芳 千葉正幸 原典宏 林秀樹 三谷祐一 石橋和佳 大山聡子 大竹朝子 堀部直人 井上慎平 松石悠 木下智尋 伍佳妮 張俊崴

PROOFREADER 文字工房燦光
PRINTING 日経印刷株式会社
PHOTO E+/Getty Images
協 力 田中幸宏
松井大助、上野佳奈、河野英太郎

ISBN978-4-7993-1613-9